ED SHEERAN
EQUALS

Album Cover: Zak Walters / Original Artwork: Ed Sheeran / Photography: Zak Walters
Artwork used by permission from Asylum Records UK/Atlantic Records UK

ISBN: 978-1-70515-411-3

Visit Hal Leonard Online at
www.halleonard.com

Contact us:
Hal Leonard
7777 West Bluemound Road
Milwaukee, WI 53213
Email: info@halleonard.com

In Europe, contact:
Hal Leonard Europe Limited
42 Wigmore Street
Marylebone, London, W1U 2RY
Email: info@halleonardeurope.com

In Australia, contact:
Hal Leonard Australia Pty. Ltd.
4 Lentara Court
Cheltenham, Victoria, 3192 Australia
Email: info@halleonard.com.au

Tides

Words and Music by Ed Sheeran, Johnny McDaid and Foy Vance

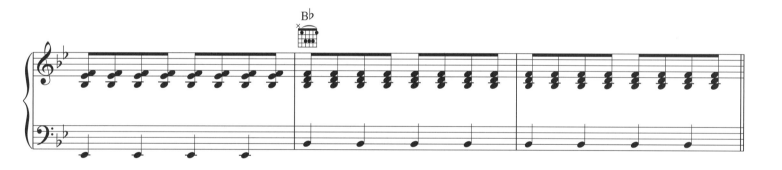

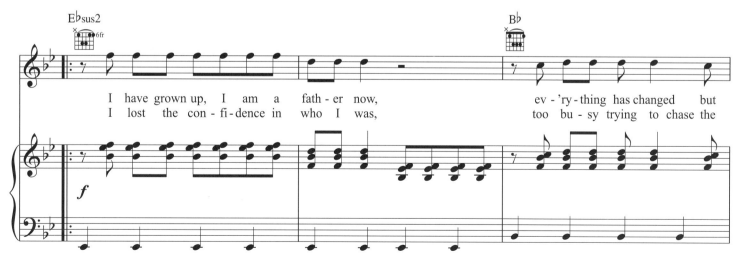

I have grown up, I am a fath-er now,
I lost the con-fi-dence in who I was,

ev-'ry-thing has changed but
too bu-sy trying to chase the

Originally recorded a half step higher

I am still the same some-how.
high and get the num-bers up.
You know I've nev-er been a-fraid of death
I have the same dream ev-'ry night,

but now I wan-na see the things that have-n't hap-pened yet.
a bul-let through my brain the mo-ment that I close my eyes.
I still love get-ting out of
I still have to lean on a

my mind, I should cut it down,
shoul-der when I've bro-ken down
I still know peo-ple I don't like and I should cut them out.
and I have peo-ple that de-pend on me to sort them out.

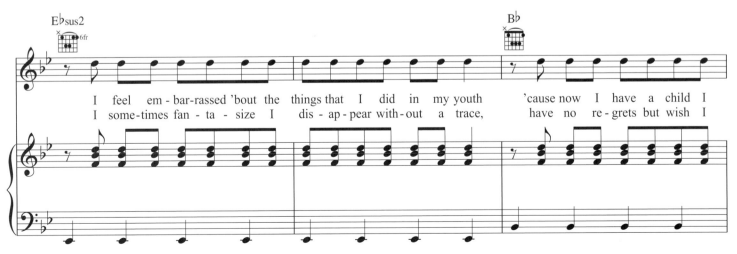

I feel em-bar-rassed 'bout the things that I did in my youth
I some-times fan-ta-size I dis-ap-pear with-out a trace,
'cause now I have a child I
have no re-grets but wish I

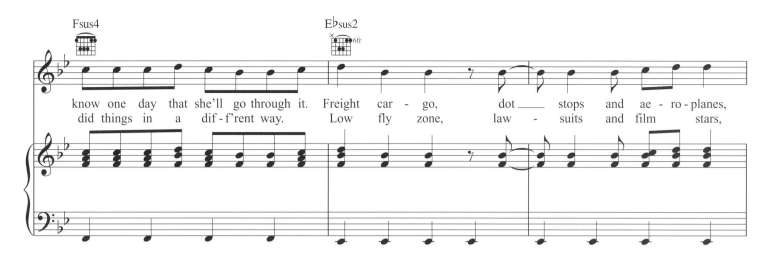

know one day that she'll go through it. Freight car - go, dot ___ stops and ae - ro - planes,
did things in a dif - f'rent way. Low fly zone, law - suits and film stars,

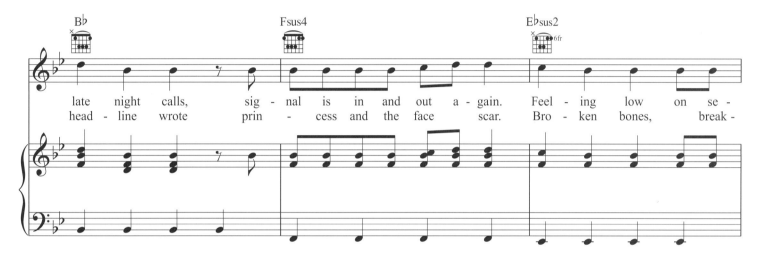

late night calls, sig - nal is in and out a - gain. Feel - ing low on se -
head - line wrote prin - cess and the face scar. Bro - ken bones, break -

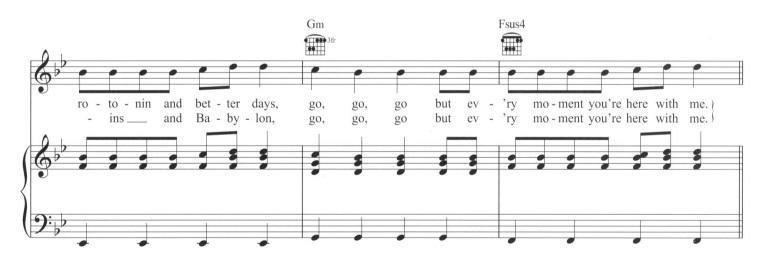

ro - to - nin and bet - ter days, go, go, go but ev - 'ry mo - ment you're here with me.
- ins ___ and Ba - by - lon, go, go, go but ev - 'ry mo - ment you're here with me.

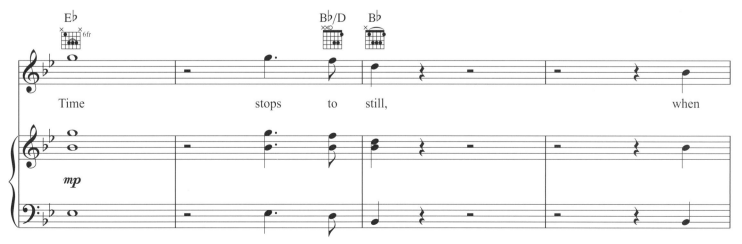

Time stops to still, when

you are in my arms ___ it al - ways will ___ and

life, life is chang - ing tides. ___

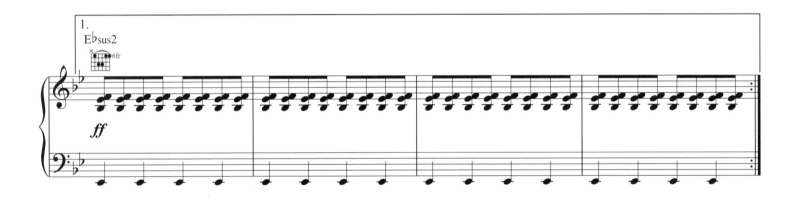

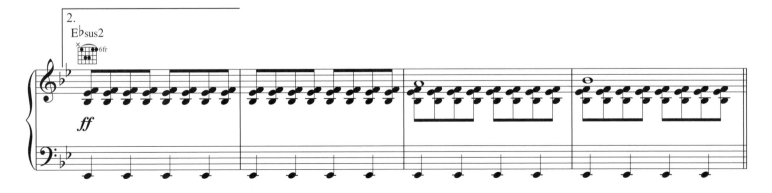

Time ... stops to still, ... when

you are in my arms ___ it al - ways will ___

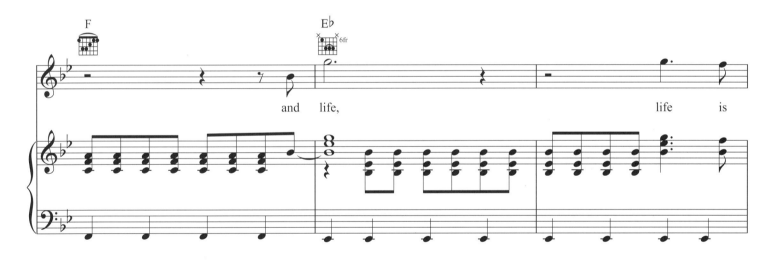

and life, ... life is

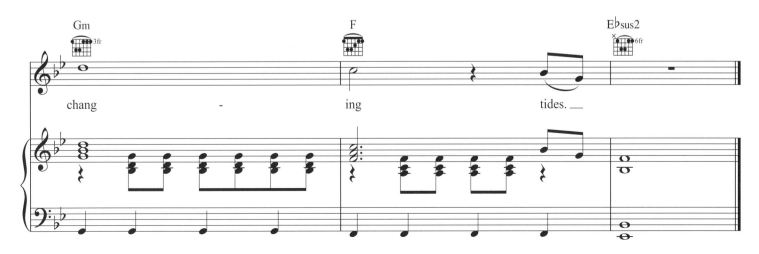

chang - ing ... tides. ___

Shivers

Words and Music by Ed Sheeran, Johnny McDaid, Steve Mac and Kal Lavelle

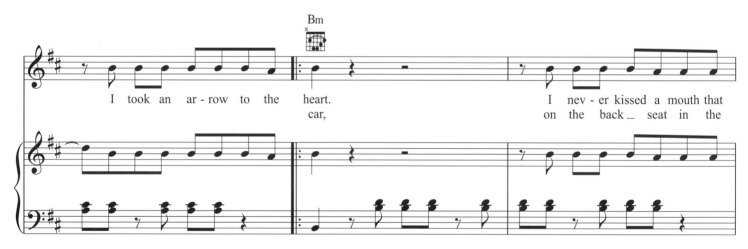

I took an ar-row to the heart.
car,

I nev - er kissed a mouth that
on the back __ seat in the

tastes like yours. Straw-ber - ries __ and some - thing more.
moon - lit dark. Wrap me up __ bet-ween your legs and arms.

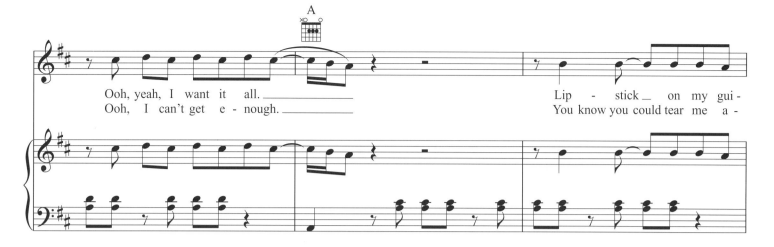

Ooh, yeah, I want it all. _____ Lip - stick ___ on my gui-

Ooh, I can't get e - nough. _____ You know you could tear me a -

tar, ooh. ___ Fill up the en - gine, we can drive real far.

part, ooh. ___ Put me back to - geth - er and take my heart.

Go danc - ing un - der - neath the stars. Ooh, yeah, I want it all. _____

I nev - er thought that I could love this hard. Ooh, I can't get e - nough. __

Mmm, _ you got me feel - ing like } I wan - na be that guy.

Ooh, ___ you got me feel - ing like }

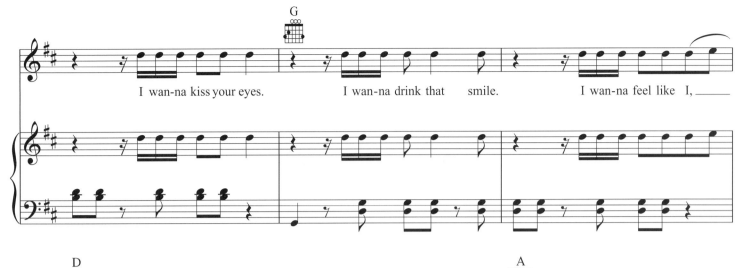

I wan-na kiss your eyes. I wan-na drink that smile. I wan-na feel like I, ___

___ like my soul's on fire. I wan-na stay up all day ___ and all ___ night. Yeah, ___

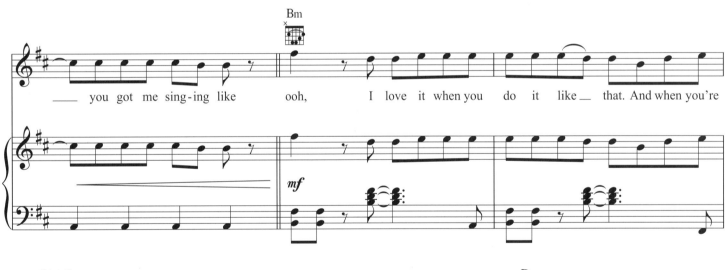

___ you got me sing-ing like ooh, I love it when you do it like ___ that. And when you're

close up, ___ give me the shiv-ers. Oh, ba-by, you wan-na dance 'til the

10

you burn so hot, you make me shiv-er with the fi - re you got.

this thing we start-ed, I don't want it to stop, you know you make me shiv - er, __

__ er, __ er. __ Ba - by, __

Yeah, __ you got me sing-ing like

ooh, I love it when you do it like __ that and when you're

D.S. al Coda

CODA

bring it right __ back, yeah.

First Times

Words and Music by Ed Sheeran, Fred Gibson and David Hodges

13

When it was all ___ o - ver,	I cleared out the room,
The great - est thing ___ that ___	I have a - chieved

grabbed a cou - ple beers, ___	just me and you,	and then we start ___ talk - ing,
is four lit - tle words,	down on one knee.	You said, 'Dar - ling, ___ are you

jok - ing?'	And I just said 'Please.' _____	the way that we do. _____

Ain't it fun - ny how ___ the sim - plest things ___ in life ___ can make ___ a man, ___

mp

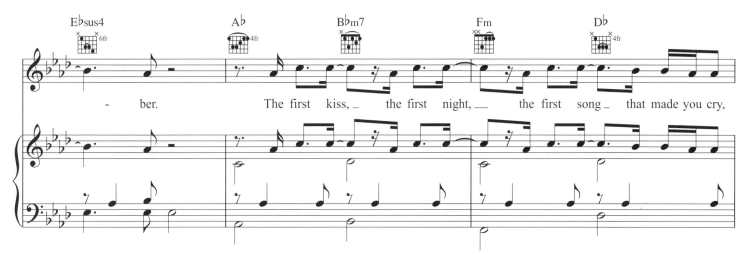

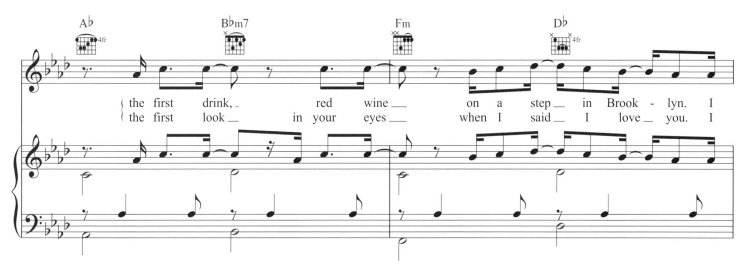

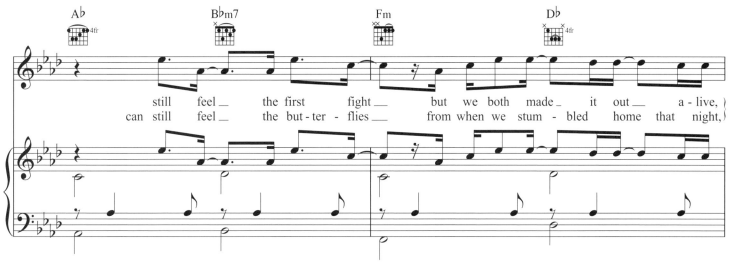

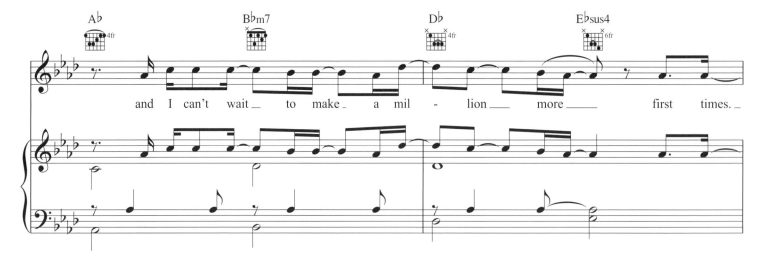

and I can't wait __ to make __ a mil - lion __ more __ first times. __

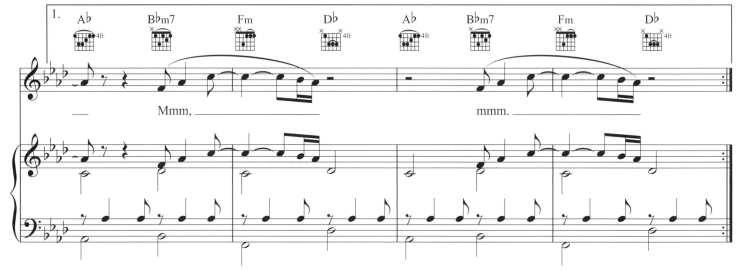

1.

__ Mmm, _____ mmm. _____

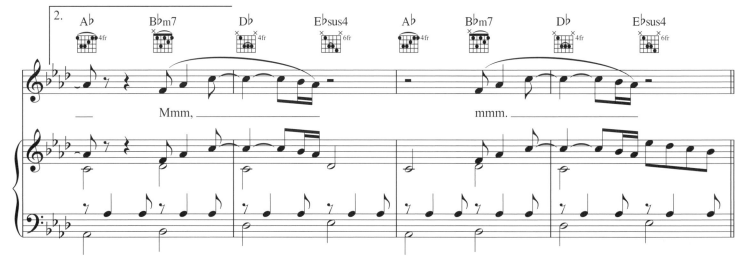

2.

__ Mmm, _____ mmm. _____

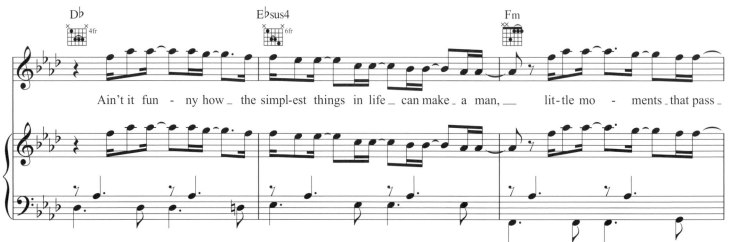

Ain't it fun - ny how __ the simpl-est things in life __ can make __ a man, __ lit-tle mo - ments __ that pass __

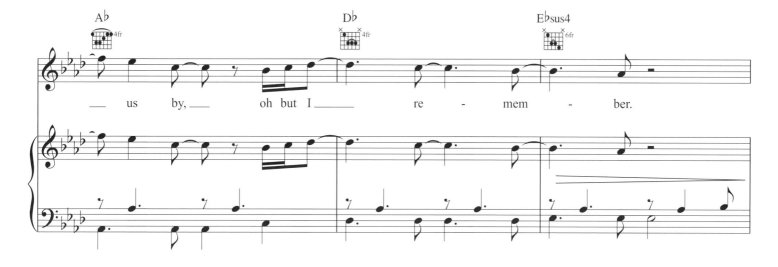

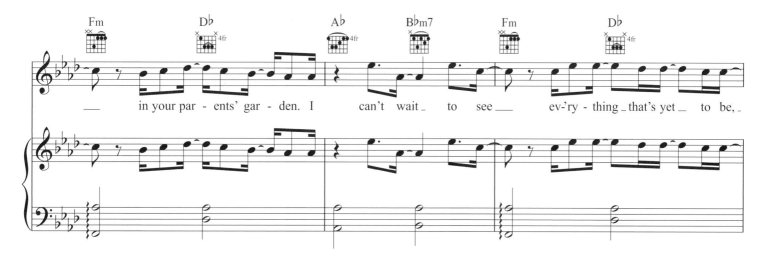

Bad Habits

Words and Music by Ed Sheeran, Johnny McDaid and Fred Gibson

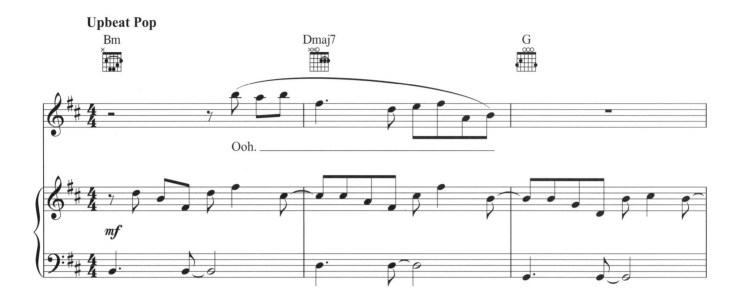

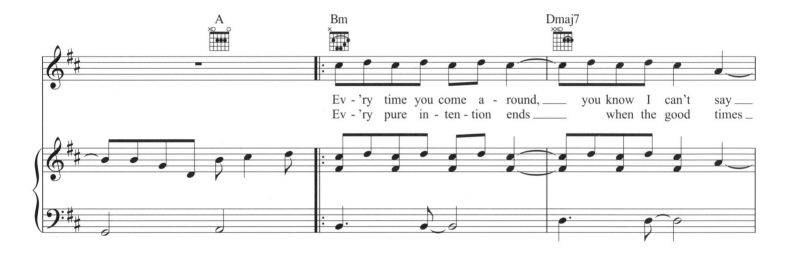

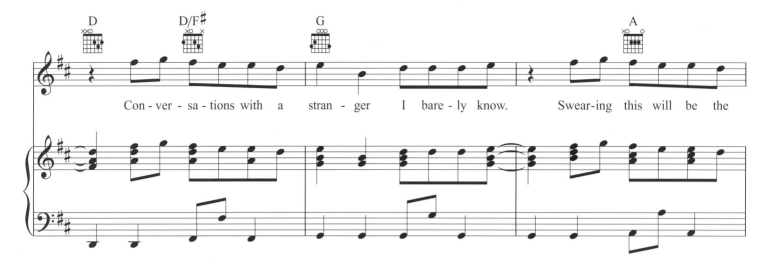

Con - ver - sa - tions with a stran - ger I bare - ly know. Swear - ing this will be the

last but it prob - a - bly won't. I got noth - ing left to lose, or use, or

do. My bad hab - its lead to wide eyes, stare in - to space, and I know I lose con -

trol of the things that I say. ___ Yeah, I was look - ing for a way out; now I can't es - cape.

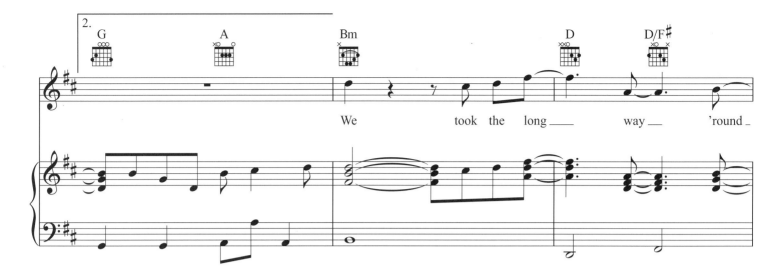

We took the long____ way____ 'round____

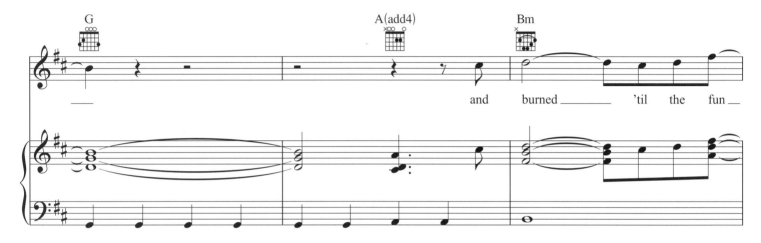

____ and burned_____ 'til the fun ____ran ____ out. ____

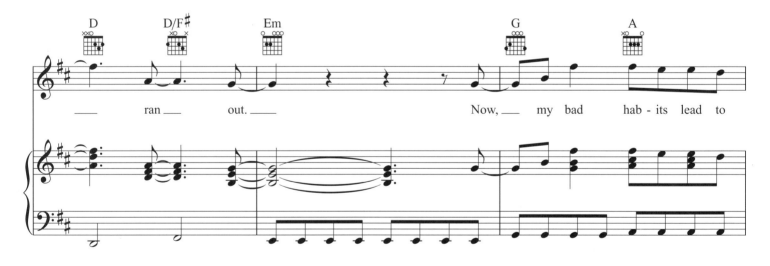

Now, ___ my bad hab - its lead to late nights, end - ing a - lone.

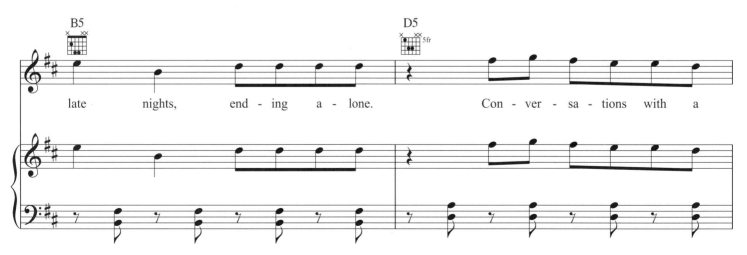

Con - ver - sa - tions with a

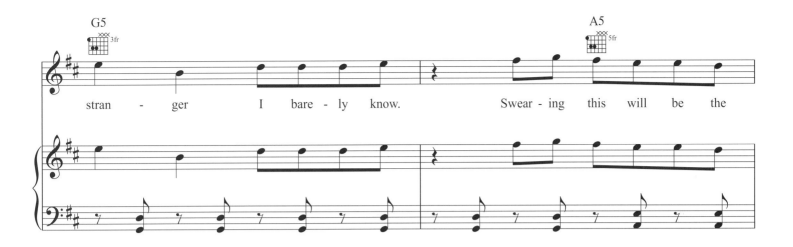

stran - ger I bare - ly know. Swear - ing this will be the

last, but it prob - a - bly won't. I got noth - ing left to

lose, or use, or do. My bad hab - its lead to

My bad hab - its lead to you.

Overpass Graffiti

Words and Music by Ed Sheeran, Johnny McDaid and Fred Gibson

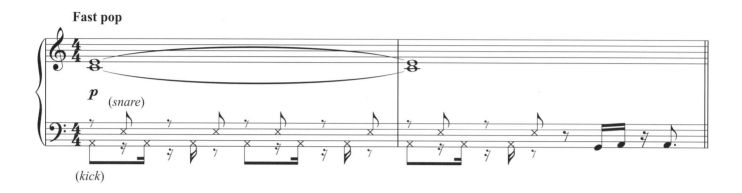

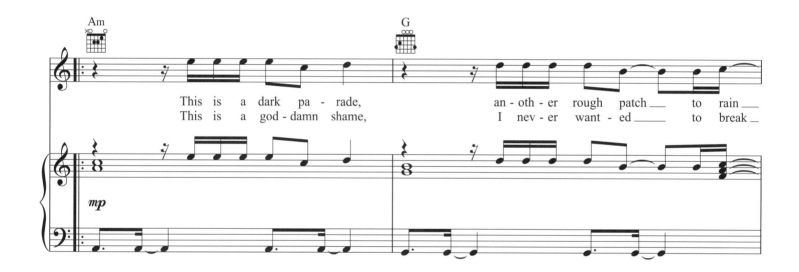

This is a dark pa - rade,   an - oth - er rough patch __ to rain __
This is a god - damn shame,   I nev - er want - ed __ to break __

__ on,   to rain __ on.   I know your friends may say __
__ it   and leave us taint - ed.   Know I should walk a - way __

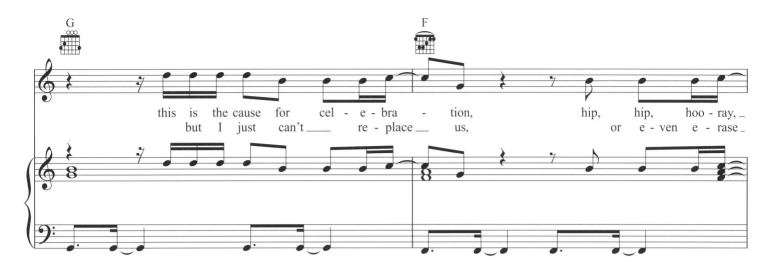

this is the cause for cel - e - bra - tion, hip, hip, hoo - ray, __

but I just can't __ re - place __ us, or e - ven e - rase __

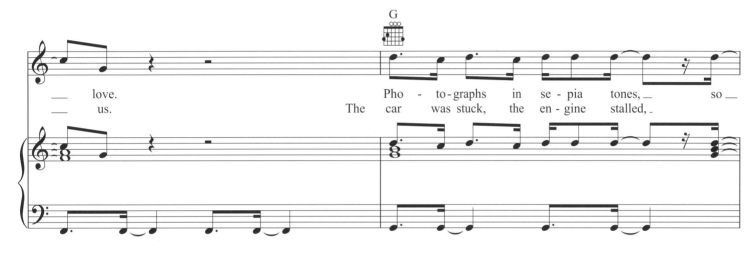

__ love. Pho - to - graphs in se - pia tones, __ so __

__ us. The car was stuck, the en - gine stalled, __

__ still, the fire's bare - ly fight - ing the cold, __ a - lone.

both __ of us got __ caught out __ in the snow, __ a - lone. __

There __ are times __ when I can feel your ghost, __

There __ were times __ when I for - get the lows __ and

25

just when I'm al - most let - ting you go _____ but the
think the highs were all that we'd __ ev - er known. ___

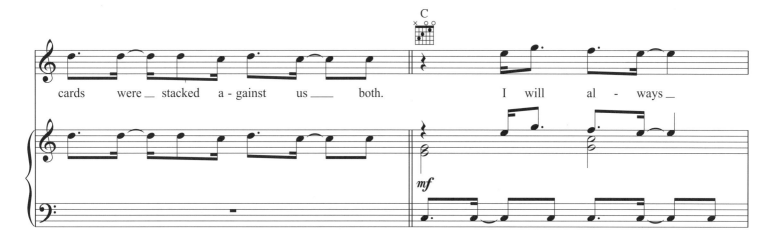

cards were __ stacked a - gainst us ___ both. I will al - ways __

love you ___ for what it's worth, __ we'll nev - er fade like __ graf - fi -

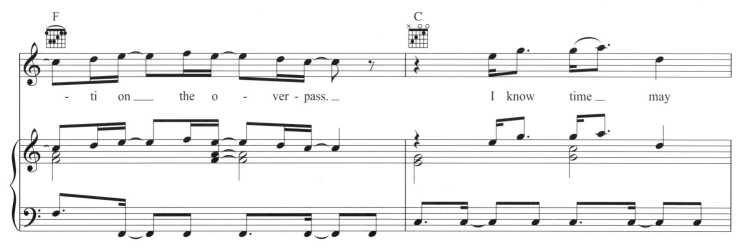

- ti on ___ the o - ver - pass. __ I know time __ may

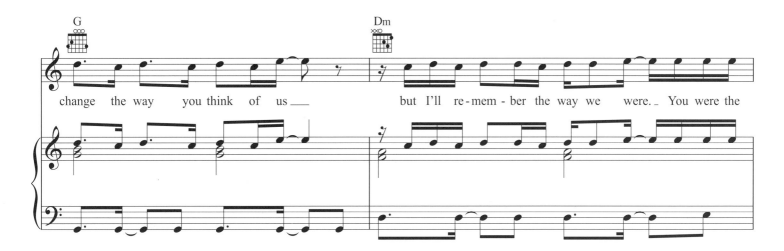

change the way you think of us ___ but I'll re-mem-ber the way we were._ You were the

first full stop, love ___ that will nev-er leave _____ and,

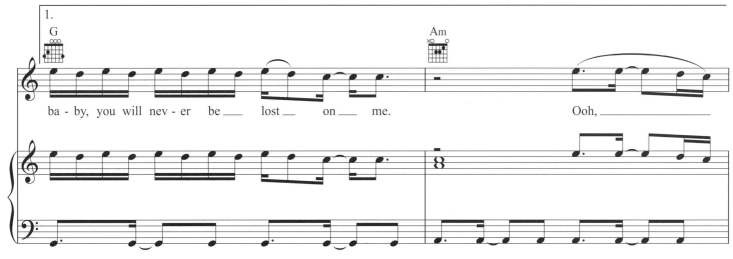

1.

ba - by, you will nev - er be ___ lost ___ on ___ me. Ooh, _____

ooh, _____ ooh. _____

ba - by, you will nev - er be ___ lost ___ on ___ me.   Ooh, _____

lost ___ on ___ me. ___   Ooh. _____

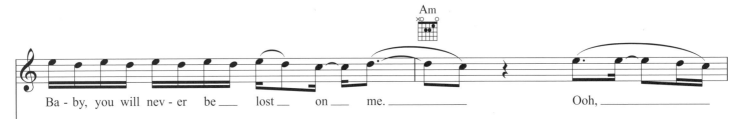

Ba - by, you will nev - er be ___ lost ___ on ___ me. ___   Ooh,

lost ___ on ___ me. ___   Ooh. _____

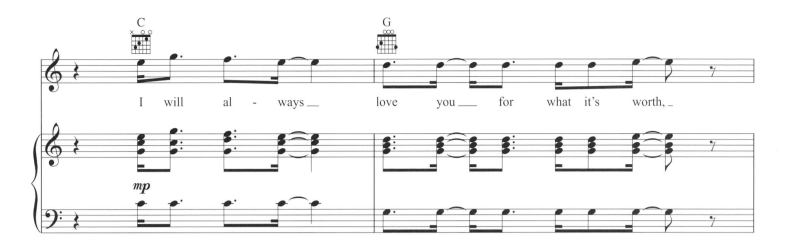

I will al - ways __ love you __ for what it's worth, __

we'll nev - er fade like __ graf - fi - ti on __ the o - ver - pass. __

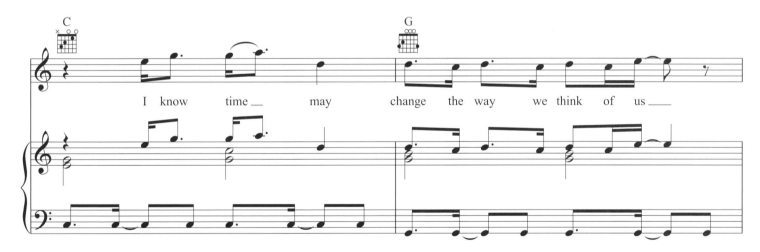

I know time __ may change the way we think of us __

but I re-mem - ber the way we were, __ you were the first full stop, love __ that will nev - er leave. __

29

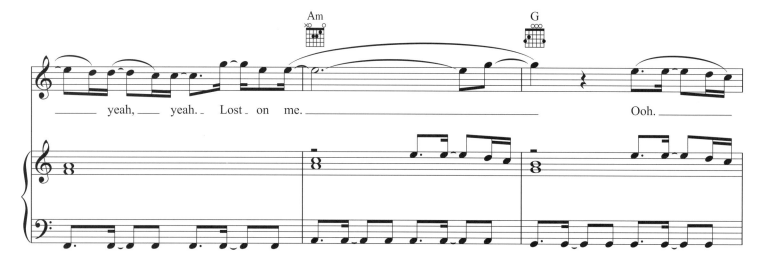

The Joker And The Queen

Words and Music by Ed Sheeran, Samuel Roman, Johnny McDaid and Fred Gibson

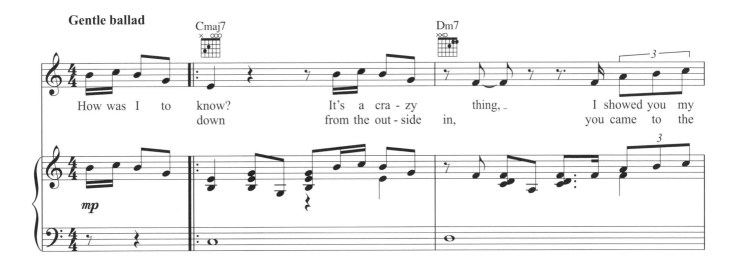

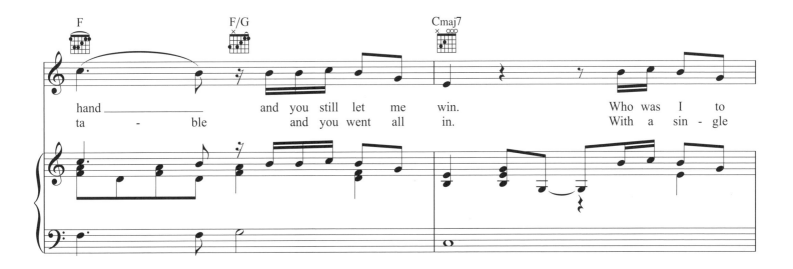

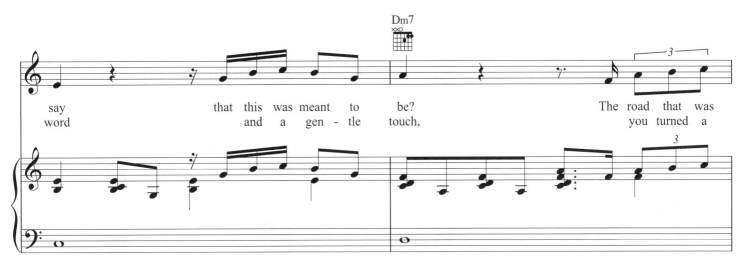

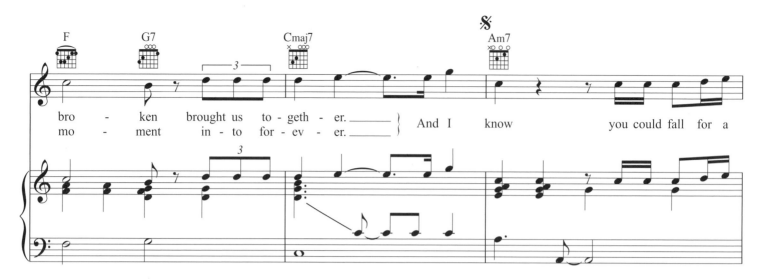

bro - ken brought us to - geth - er. _____
mo - ment in - to for - ev - er. _____ And I know you could fall for a

thou - sand kings _____ and hearts that could give you a

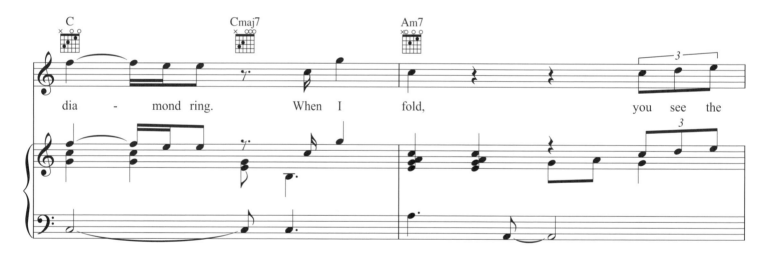

dia - mond ring. When I fold, you see the

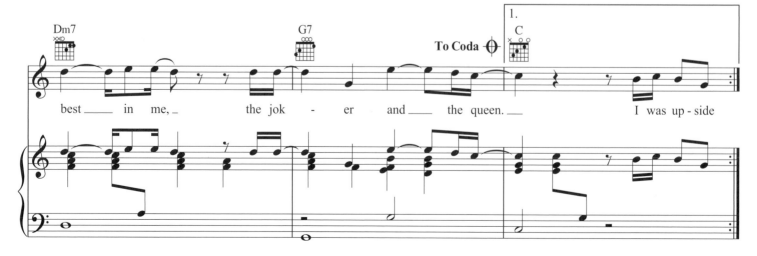

best _____ in me, _____ the jok - er and _____ the queen. _____ I was up - side

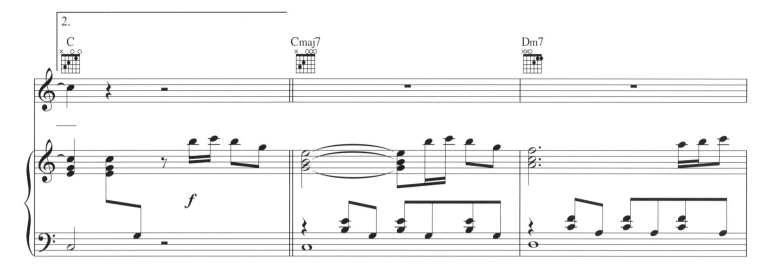

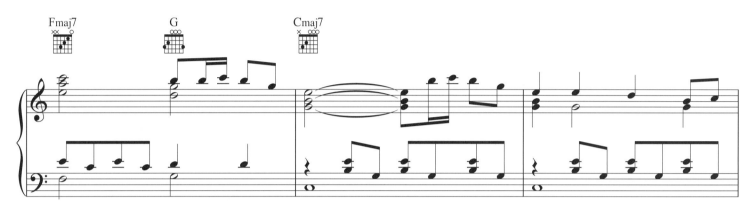

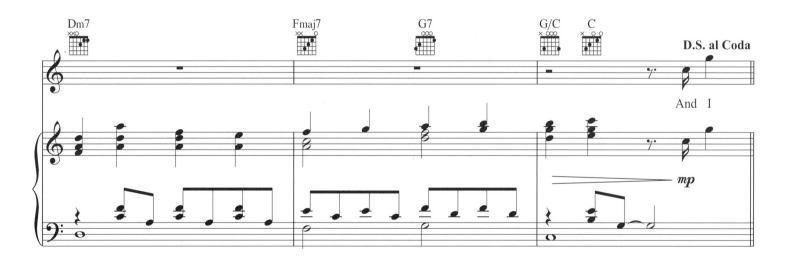

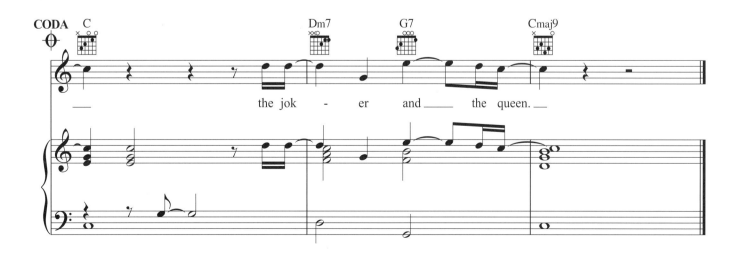

the jok - er and___ the queen.___

Leave Your Life

Words and Music by Ed Sheeran

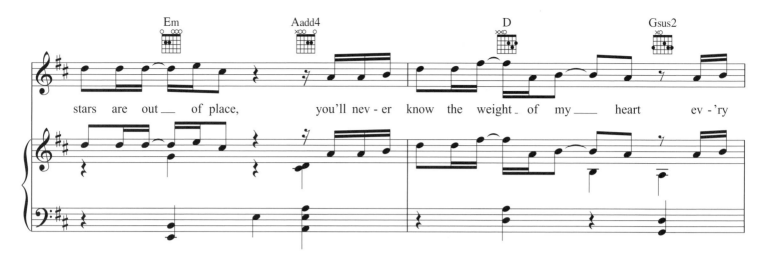

stars are out __ of place, you'll nev-er know the weight __ of my __ heart ev-'ry

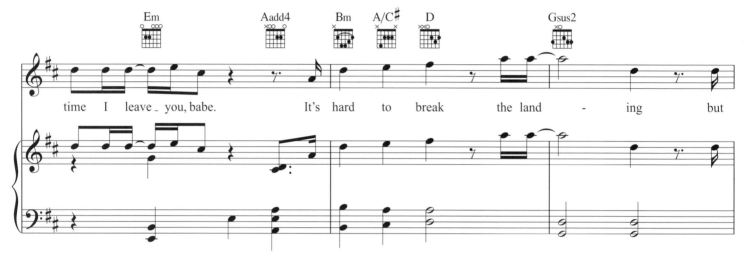

time I leave __ you, babe. It's hard to break the land - ing but

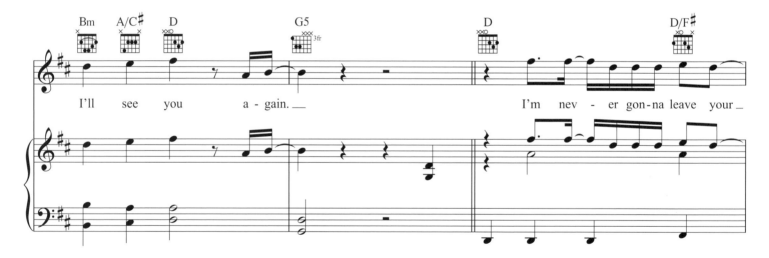

I'll see you a-gain. __ I'm nev-er gon-na leave your __

__ life, e-ven at the times I'm miles __ a-way, you are al-ways on __ my mind. __

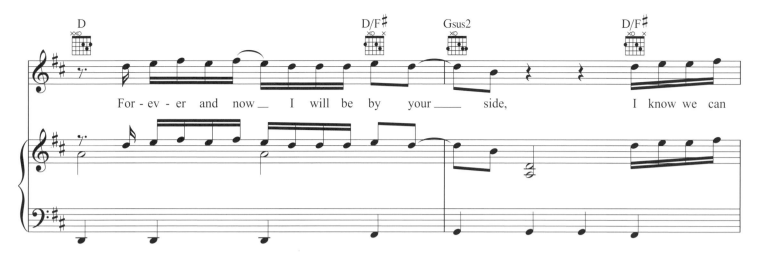

For - ev - er and now ___ I will be by your ___ side, I know we can

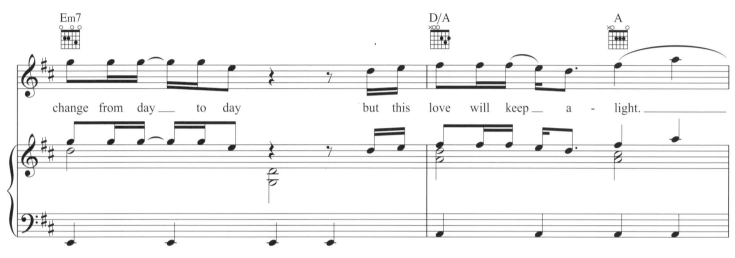

change from day ___ to day but this love will keep ___ a - light. ___

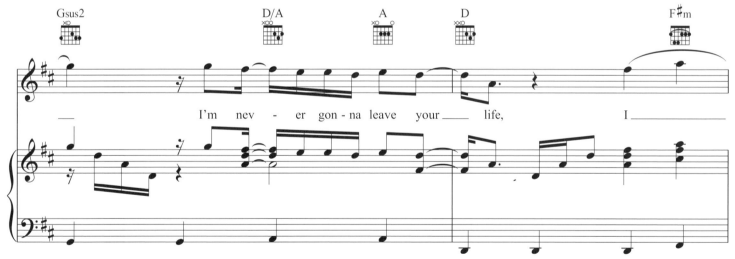

___ I'm nev - er gon - na leave your ___ life, I ___

___ I'm nev - er gon - na leave your ___ life. Oh, I could

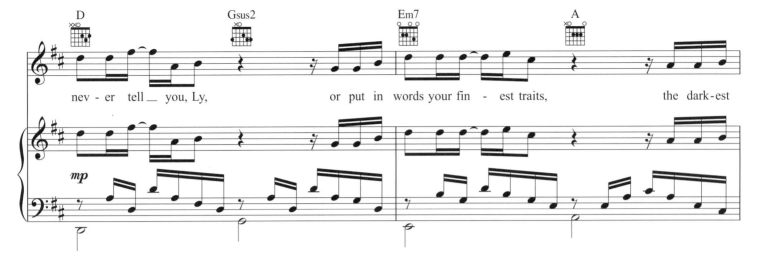

nev - er tell __ you, Ly,   or put in words your fin - est traits,   the dark-est

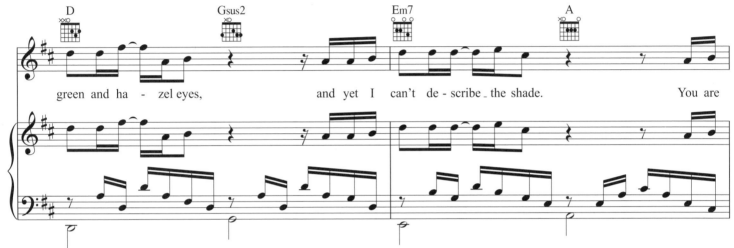

green and ha - zel eyes,   and yet I can't de - scribe __ the shade.   You are

all this heart __ of mine   and there you will __ re-main,   you'll nev - er

know the weight __ of my   de - ci-sions when I leave your smil - ing face.   It's

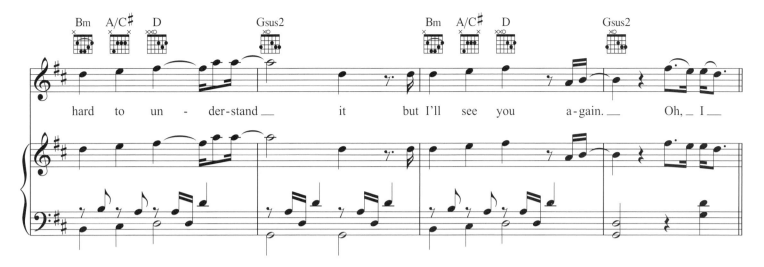

hard to un - der-stand ___ it but I'll see you a - gain. ___ Oh, ___ I ___

I'm nev - er gon - na leave your ___ life, e - ven at the

times I'm miles ___ a - way, you are al - ways on ___ my mind. ___

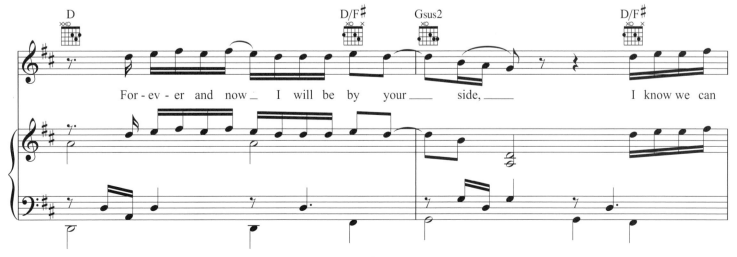

For - ev - er and now ___ I will be by your ___ side, ___ I know we can

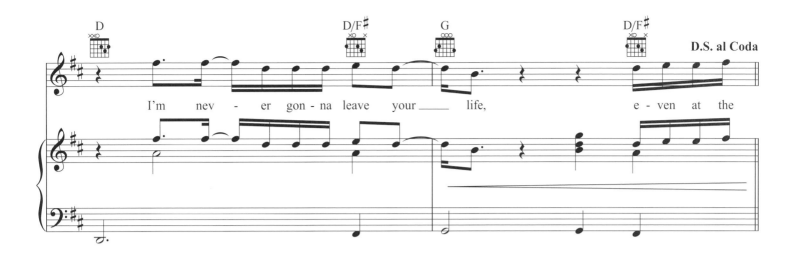

I'm nev - er gon - na leave your _____ life, e - ven at the

D.S. al Coda

CODA

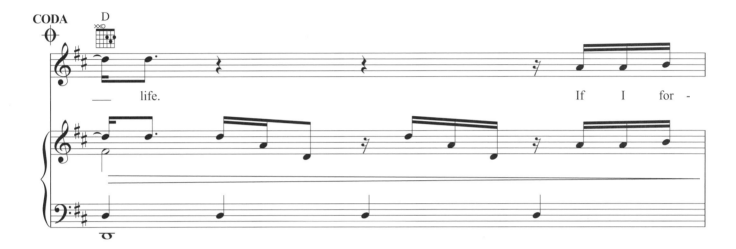

_____ life. If I for -

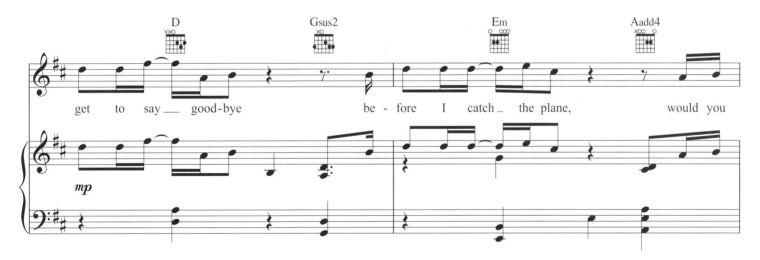

get to say _____ good-bye be - fore I catch _____ the plane, would you

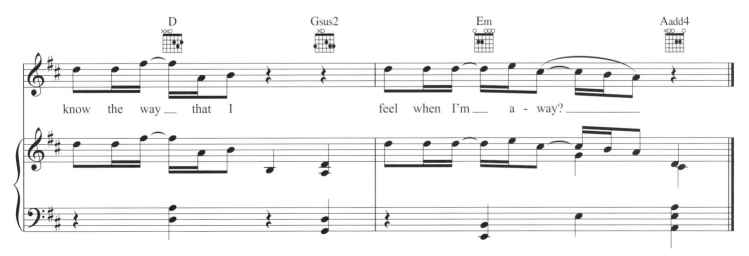

know the way _____ that I feel when I'm _____ a - way? _____

Collide

Words and Music by Ed Sheeran, Johnny McDaid,
Fred Gibson and Benjamin Kweller

Oh, yeah, we've been in the rain, _____ been on the rocks but we found _

our way, we've or-dered piz-za to an ae-ro-plane,

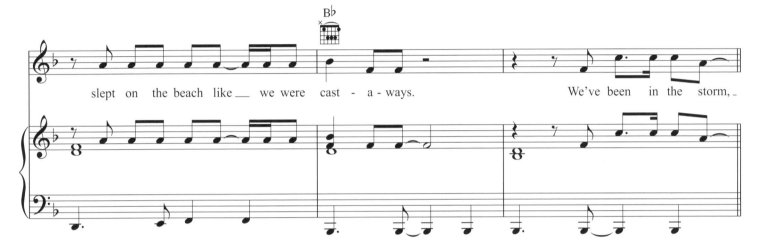

slept on the beach like __ we were cast-a-ways. We've been in the storm, __

been to an I-rish bar in cen-tral Rome,
we've watched the blos-som fall to earth like snow,

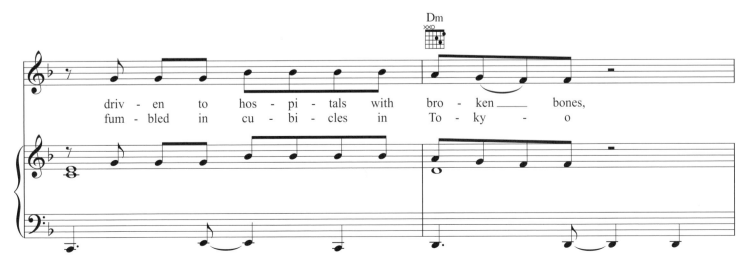

driv-en to hos-pi-tals with bro-ken __ bones,
fum-bled in cu-bi-cles in To-ky-o

You bring __ me to life, __ yeah, you bring __

__ me to life, __ you bring __ me to life, __

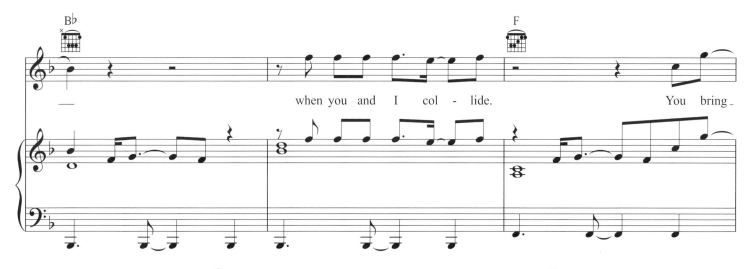

__ when you and I col - lide. You bring __

__ me to life, __ yeah, you bring __ me to life, __ you bring __

me to life. ____ We've been on the road

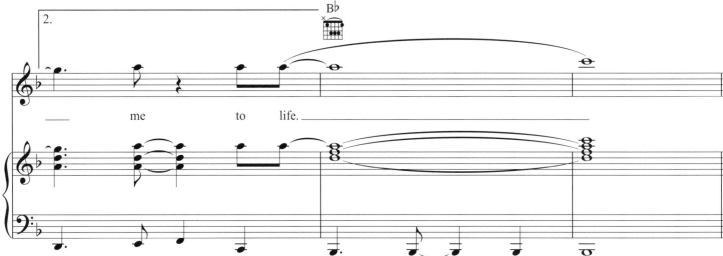

me to life. ____

Head first, col - lid - ing, dream - ers, col - lid - ing,

u - ni - verse col - lid - ing, your love let the light in.

2step

Words and Music by Ed Sheeran, Andrew Wotman, David Hodges and Louis Bell

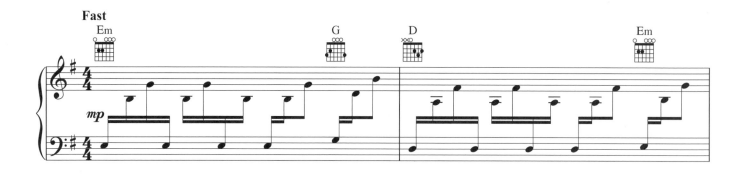

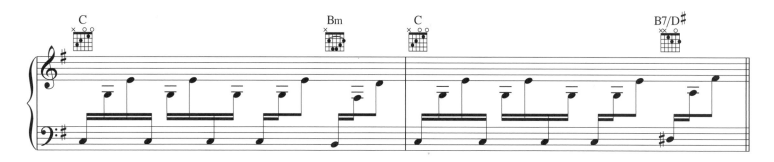

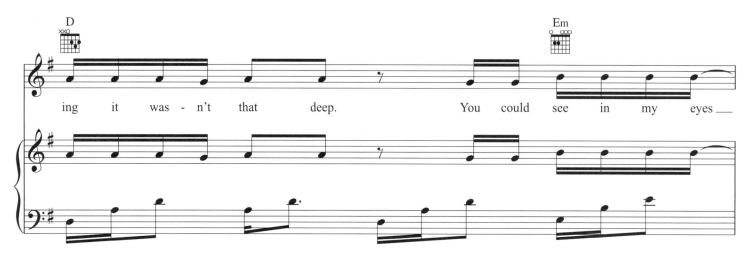

that it was tak - ing o - ver, I guess I was just blind __

__ and caught up in the mo - ment. You know you take all of my

stress right down, __ help me get it off my chest and out. In - to the eth - er with the

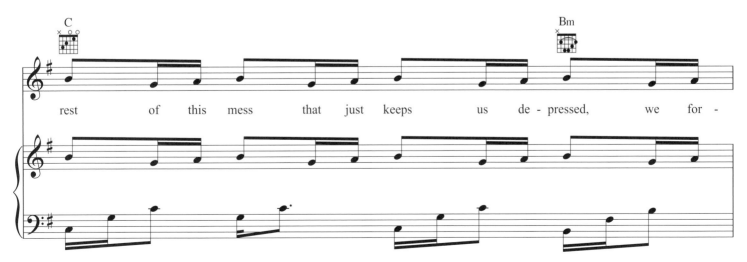

rest of this mess that just keeps us de - pressed, we for -

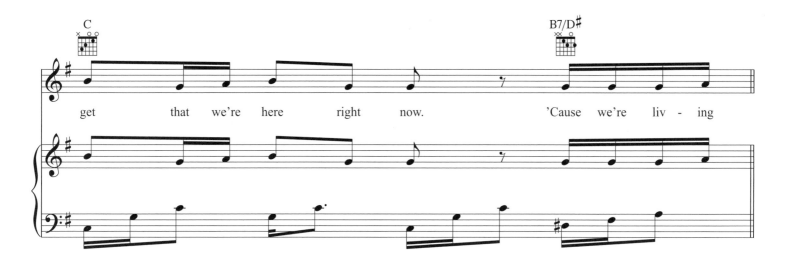

get that we're here right now. 'Cause we're liv-ing

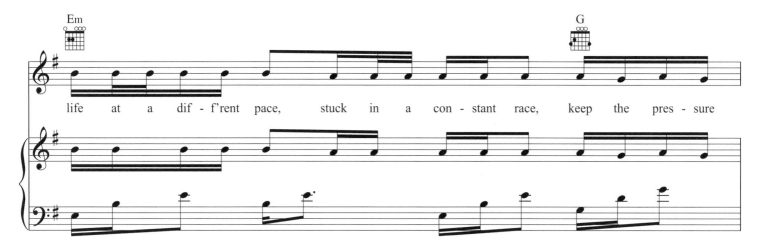

life at a dif-f'rent pace, stuck in a con-stant race, keep the pres-sure

on, you're bound to break, some-thing's got to change. We should just be

can-cel-ling all our plans and not give a damn if we're miss-ing

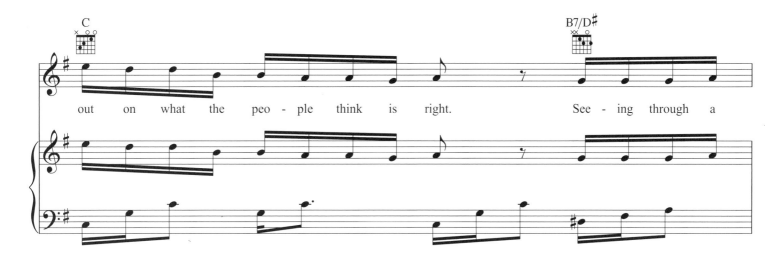

out on what the peo - ple think is right. See - ing through a

pic - ture be - hind a screen and for - get to be, lose the con - ver -

sa - tion for the mes - sage that you'll nev - er read. I think may - be

you and me, oh, we should head out to the place where the

mu-sic plays___ and then we'll go all night. Two step-ping with the wom-an I

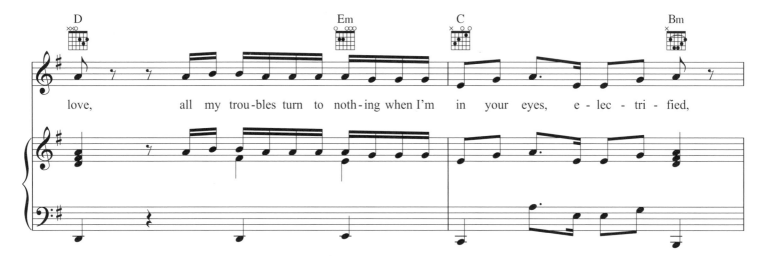

love, all my trou-bles turn to noth-ing when I'm in your eyes, e-lec-tri-fied,

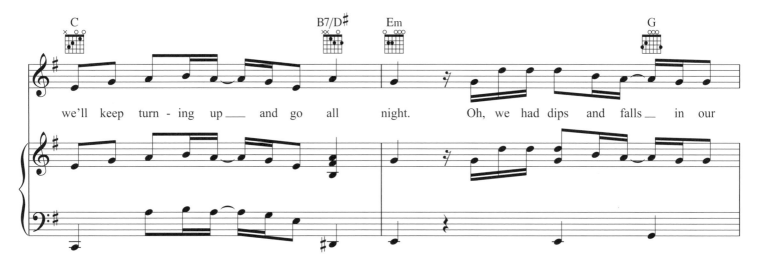

we'll keep turn-ing up___ and go all night. Oh, we had dips and falls___ in our

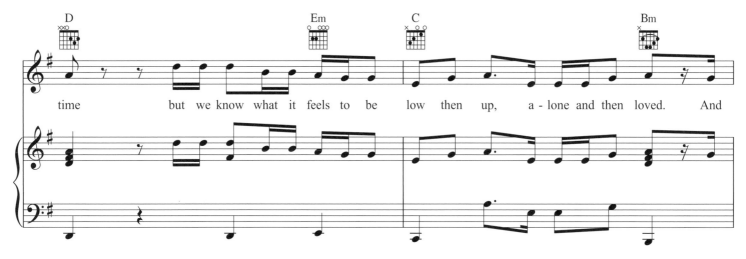

time but we know what it feels to be low then up, a-lone and then loved. And

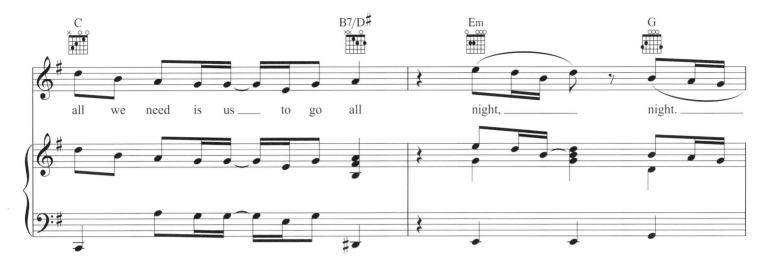

all we need is us ___ to go all night, _____ night. _____

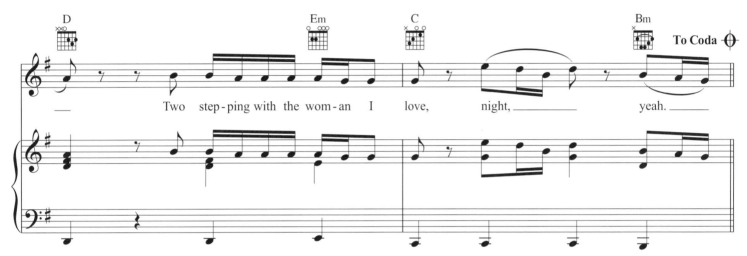

___ Two step-ping with the wom-an I love, night, _____ yeah. _____

To Coda ⊕

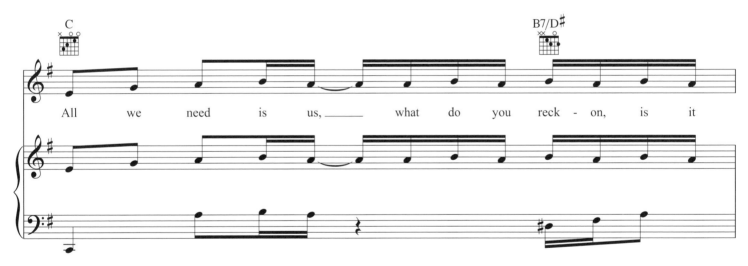

All we need is us, _____ what do you reck-on, is it

just me? Words and weap-ons and oc-ca-sion-'ly they

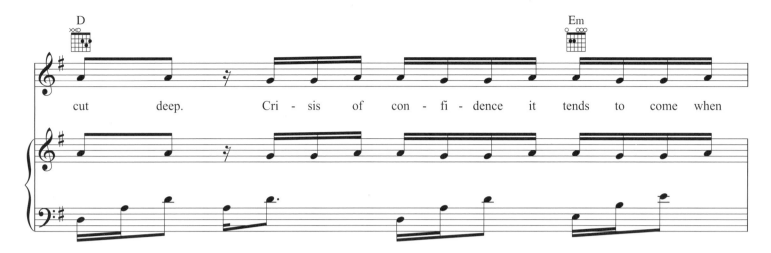

cut deep. Cri - sis of con - fi - dence it tends to come when

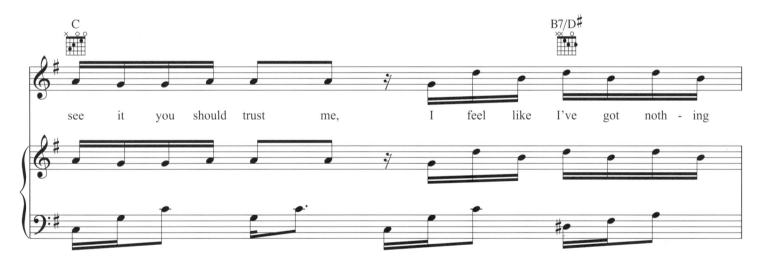

I feel the dark and I o - pen my heart. If you don't

see it you should trust me, I feel like I've got noth - ing

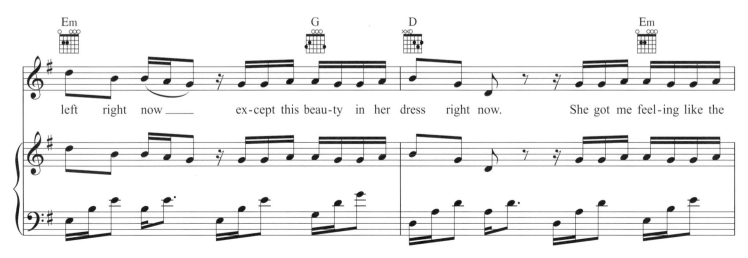

left right now _____ ex-cept this beau-ty in her dress right now. She got me feel-ing like the

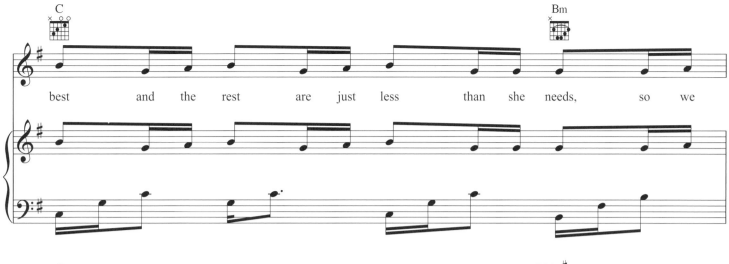

best and the rest are just less than she needs, so we

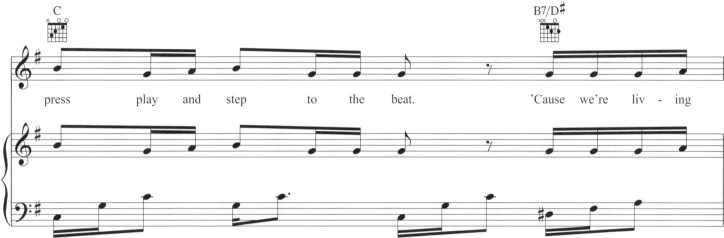

press play and step to the beat. 'Cause we're liv-ing

life at a dif-f'rent pace, stuck in a con-stant race. Keep the pres-sure

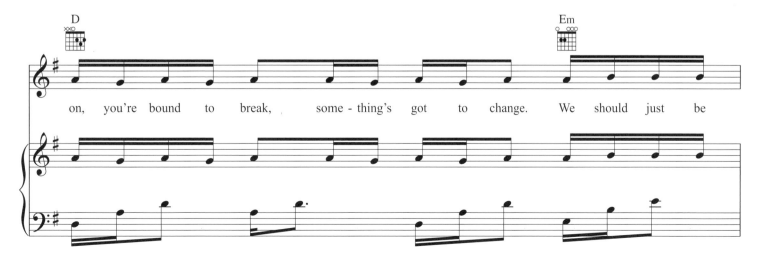

on, you're bound to break, some-thing's got to change. We should just be

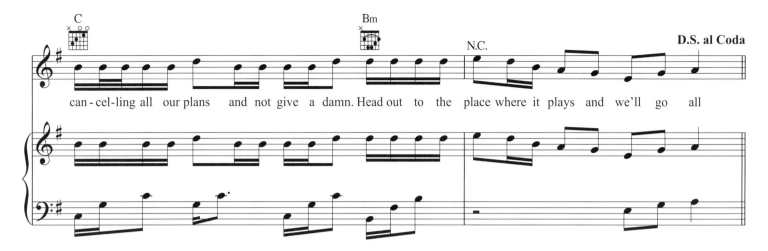

D.S. al Coda

can-cel-ling all our plans and not give a damn. Head out to the place where it plays and we'll go all

CODA

all we need is us __ to go all night, night, _____ night. _____

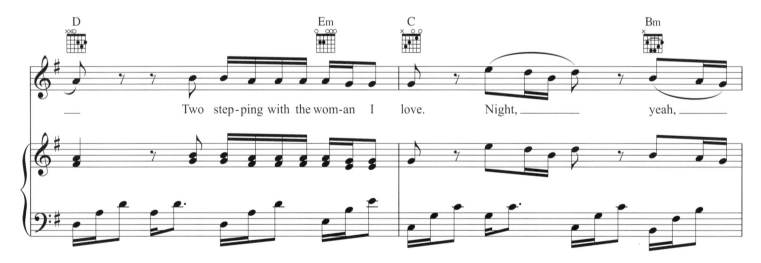

Two step-ping with the wom-an I love. Night, _____ yeah,

all we need is us __ to go all night. _____

Stop The Rain

Words and Music by Ed Sheeran

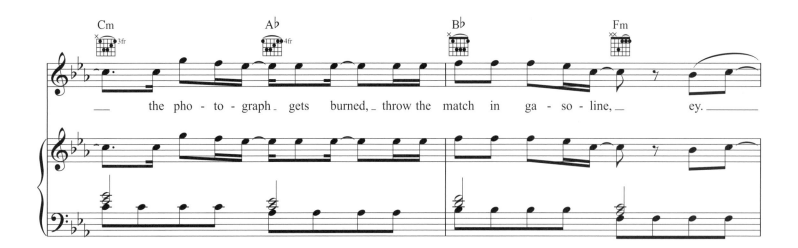

the pho-to-graph gets burned, throw the match in ga-so-line, ey.

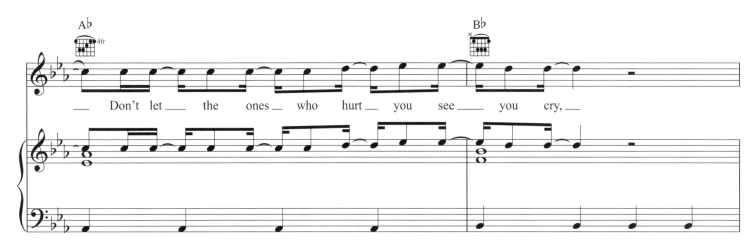

Don't let the ones who hurt you see you cry,

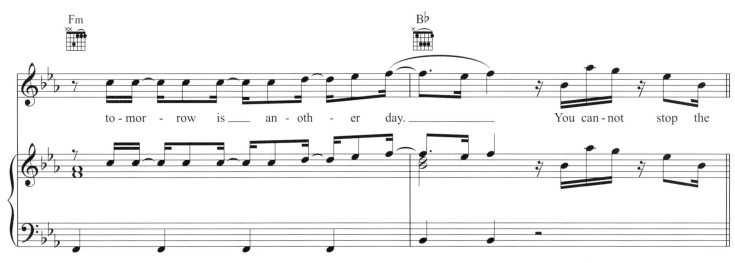

to-mor-row is an-oth-er day. You can-not stop the

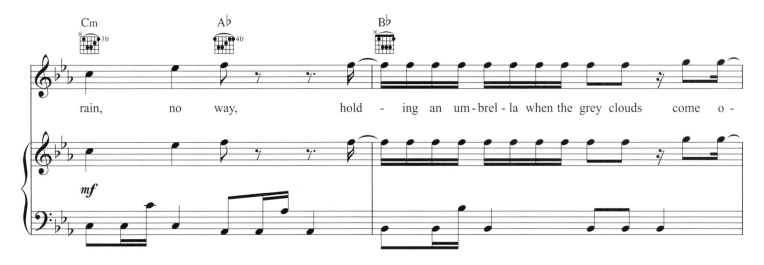

rain, no way, hold-ing an um-brel-la when the grey clouds come o-

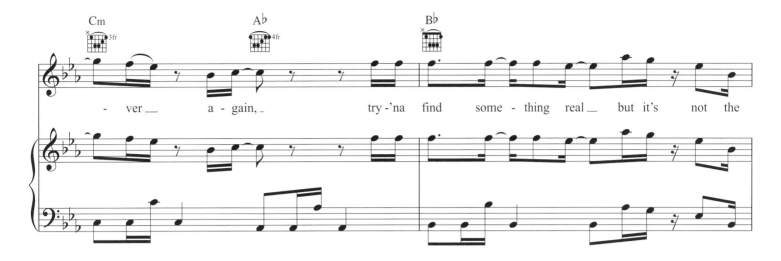

-ver __ a-gain, __ try-'na find some-thing real __ but it's not the

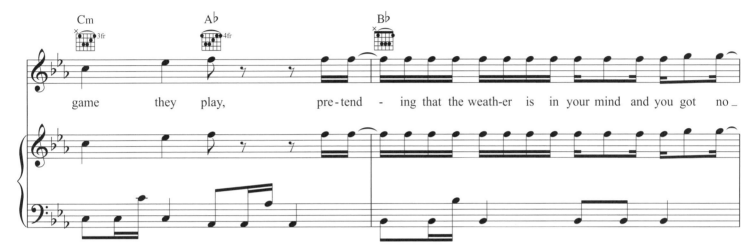

game they play, pre-tend - ing that the weath-er is in your mind and you got no __

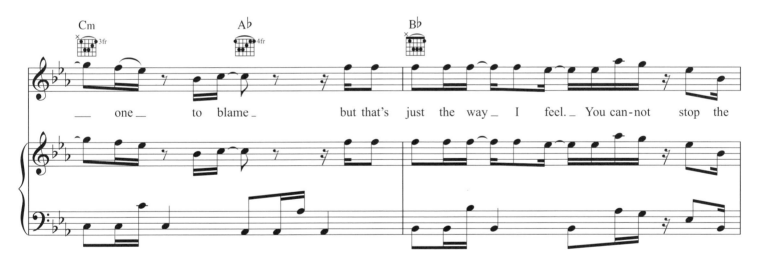

__ one __ to blame __ but that's just the way __ I feel. __ You can-not stop the

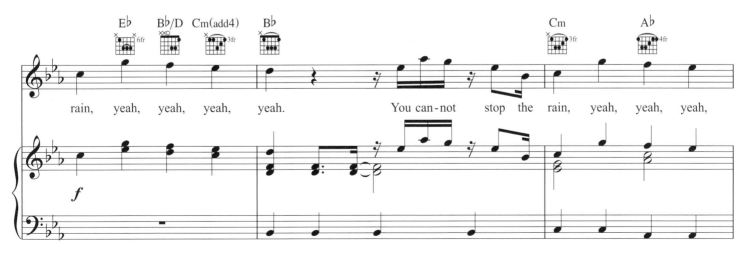

rain, yeah, yeah, yeah, yeah. You can-not stop the rain, yeah, yeah, yeah,

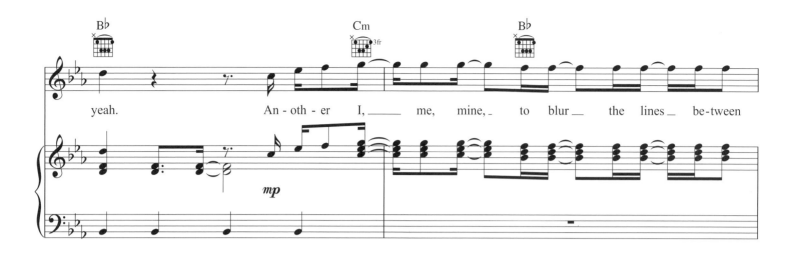

yeah. An-oth-er I,___ me, mine,_ to blur__ the lines_ be-tween

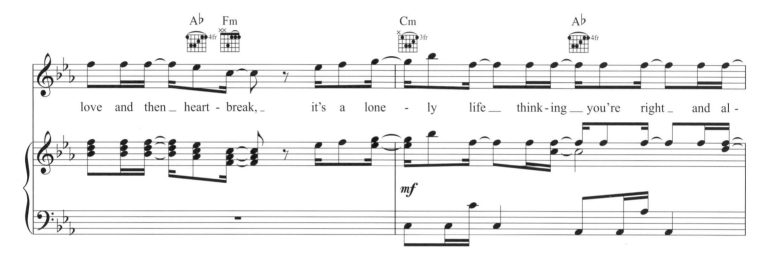

love and then _ heart-break, _ it's a lone-ly life _ think-ing _ you're right _ and al-

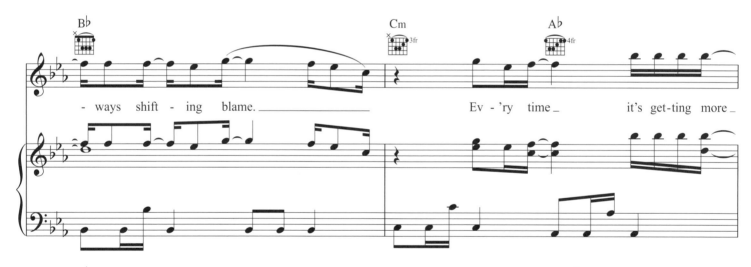

- ways shift-ing blame._____ Ev-'ry time _ it's get-ting more _

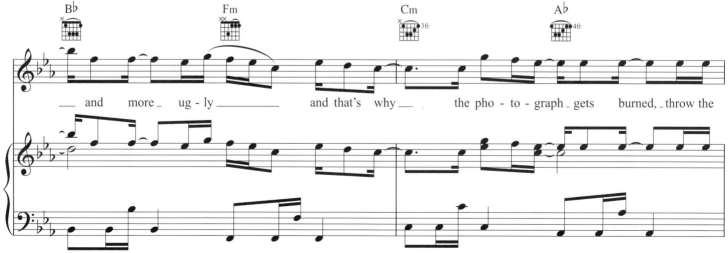

_ and more _ ug-ly _____ and that's why __ the pho-to-graph _ gets burned, _ throw the

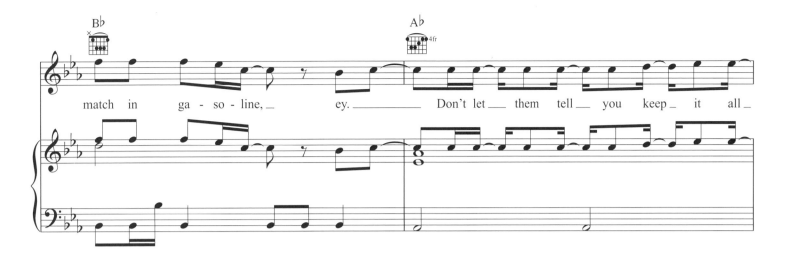

match in ga - so - line, ___ ey. ___ Don't let ___ them tell ___ you keep ___ it all ___

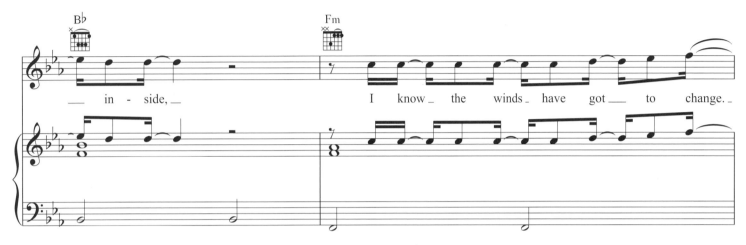

___ in - side, ___ I know ___ the winds ___ have got ___ to change. ___

___ You can - not stop the rain, no way, hold -

- ing an um - brel - la when the grey clouds come o - ver ___ a - gain, ___ try -'na

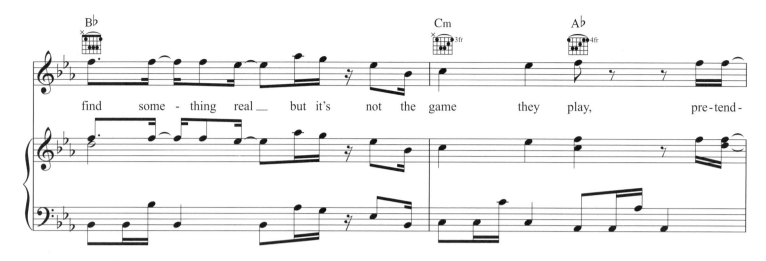

find some-thing real ___ but it's not the game they play, pre-tend-

-ing that the weath-er is in your mind and you got no ___ one ___ to blame ___ but that's

just the way ___ I feel. ___ You can-not stop the rain, yeah, yeah, yeah,

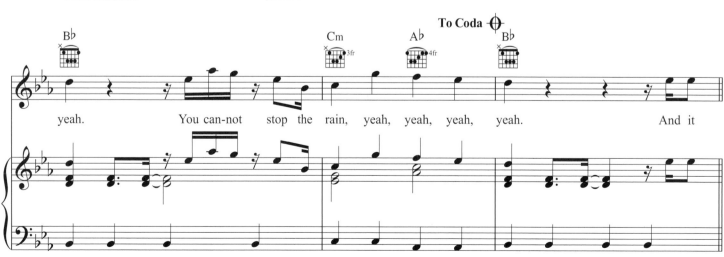

yeah. You can-not stop the rain, yeah, yeah, yeah, yeah. And it

seems ____ like time ____ can be so ____ much more ____ than a wake - up call ____ to live

real ____ life, ____ ev - 'ry day ____ is a chance ____ that we can ____ start o - ver.

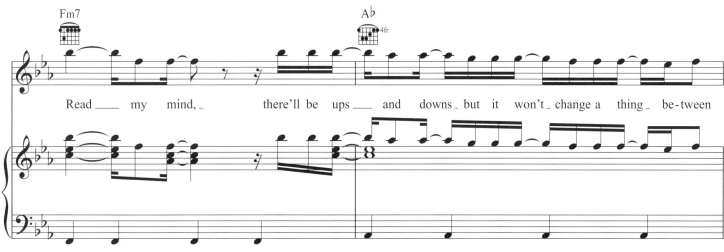

Read ____ my mind, ____ there'll be ups ____ and downs ____ but it won't ____ change a thing ____ be - tween

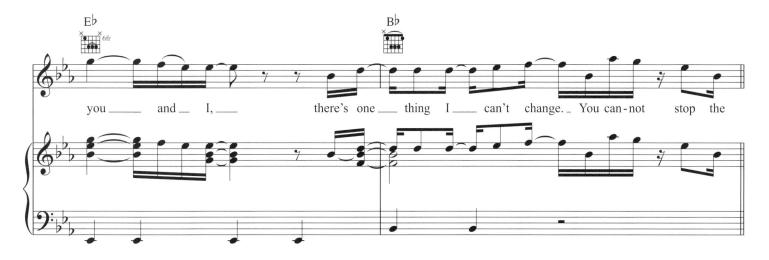

you ____ and ____ I, ____ there's one ____ thing I ____ can't change. You can - not stop the

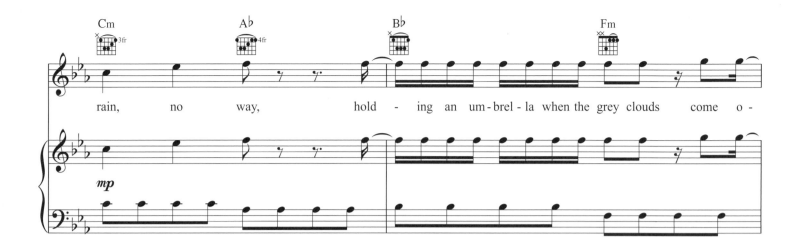

rain, no way, hold - ing an um - brel - la when the grey clouds come o -

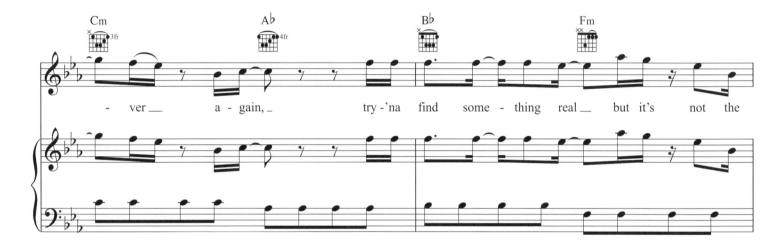

- ver __ a - gain, __ try -'na find some - thing real __ but it's not the

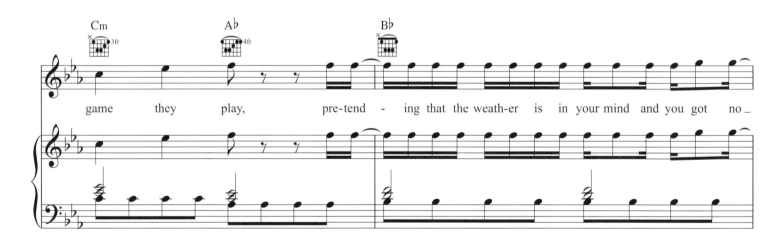

game they play, pre - tend - ing that the weath-er is in your mind and you got no __

D.S. al Coda

__ one __ to blame _ but that's just the way _ I feel. You can - not stop the

yeah. Can't stop ___ the rain, _____ yeah, yeah, yeah,

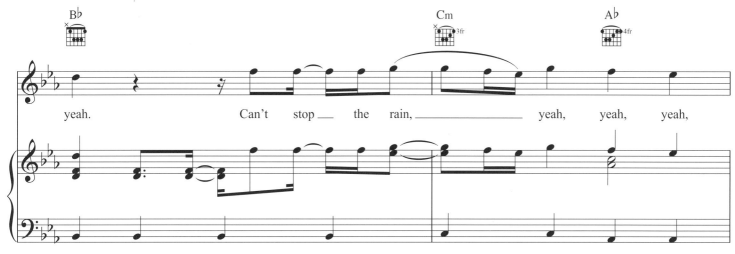

yeah. Can't stop ___ the rain, _____ yeah, yeah, yeah,

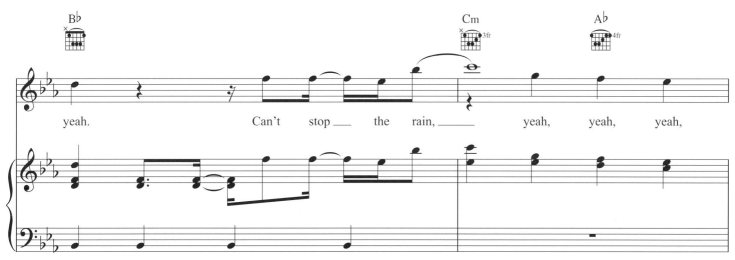

yeah. Can't stop ___ the rain, ___ yeah, yeah, yeah,

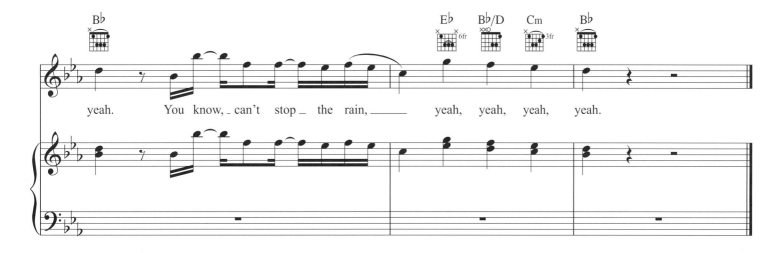

yeah. You know, _ can't stop _ the rain, ___ yeah, yeah, yeah, yeah.

Love In Slow Motion

Words and Music by Ed Sheeran, Johnny McDaid and Natalie Hemby

*Originally recorded a half step lower

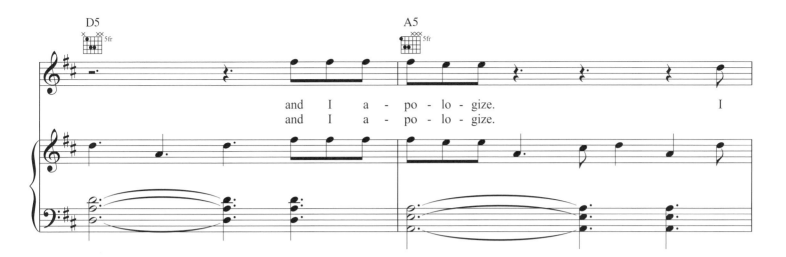

and I a - po - lo - gize.　　　　　I
and I a - po - lo - gize.

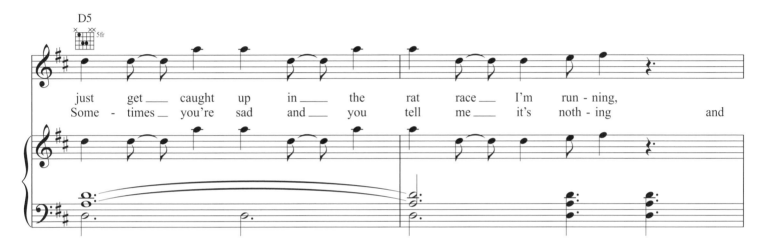

just get ___ caught up in ___ the rat race ___ I'm run - ning,
Some - times ___ you're sad and ___ you tell me ___ it's noth - ing and

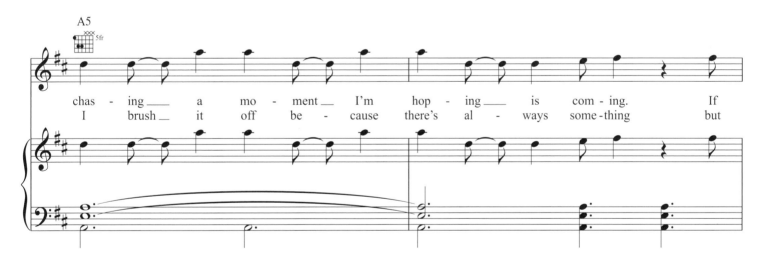

chas - ing ___ a mo - ment ___ I'm hop - ing ___ is com - ing.　　If
I brush ___ it off be - cause there's al - ways some - thing but

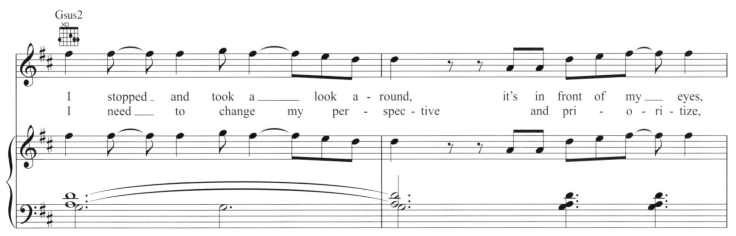

I stopped ___ and took a _____ look a - round,　　it's in front of my ___ eyes,
I need ___ to change my per - spec - tive　　and pri - o - ri - tize,

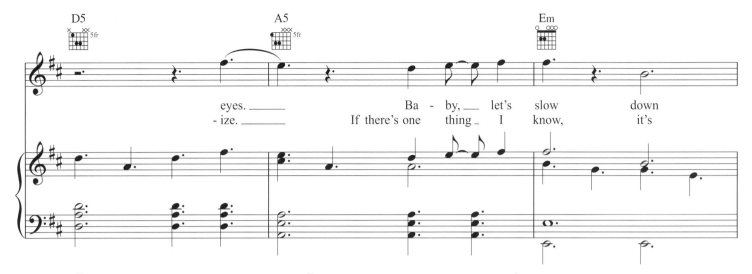

eyes. _____ Ba - by, ___ let's slow down
-ize. _____ If there's one thing ___ I know, it's

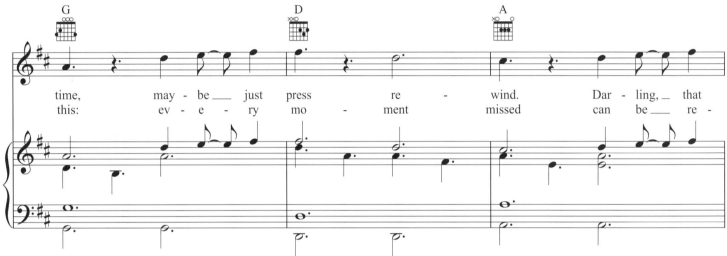

time, may - be ___ just press re - wind. Dar - ling, ___ that
this: ev - e - ry mo - ment missed can be ___ re -

dress re - minds me of ___ the first
stored with your lips, it on - ly takes one

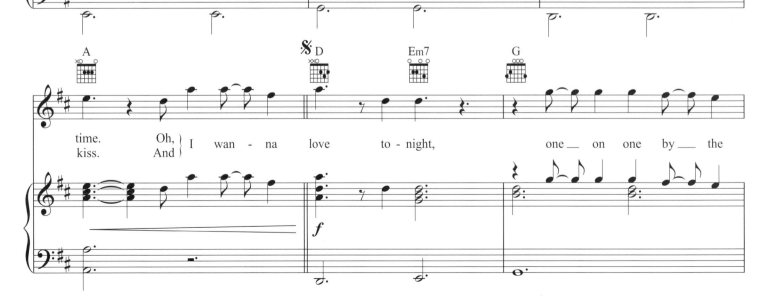

time. Oh, I wan - na love to - night, one ___ on one by ___ the
kiss. And

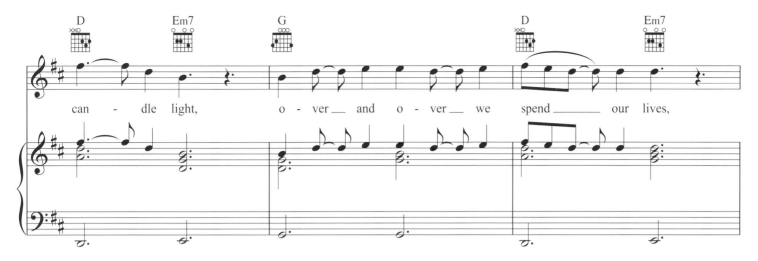

can - dle light, o - ver _ and o - ver _ we spend ____ our lives,

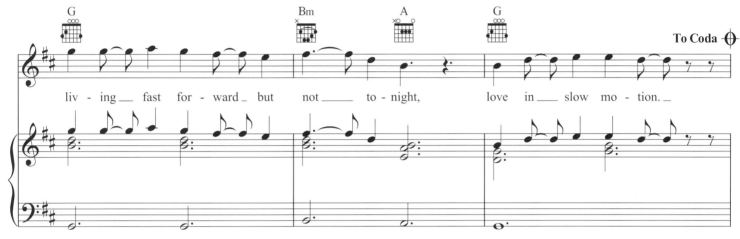

To Coda ⊕

liv - ing _ fast for - ward _ but not ____ to - night, love in ___ slow mo - tion. _

1.

2.

mp

Ooh, _____ ooh. _____

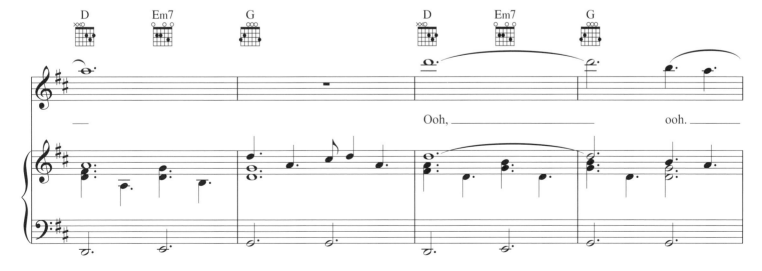

Ooh, _____ ooh. _____

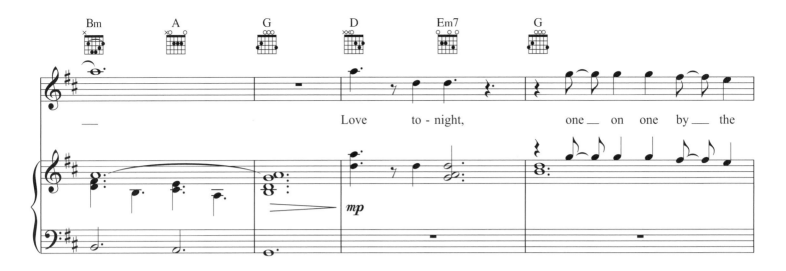

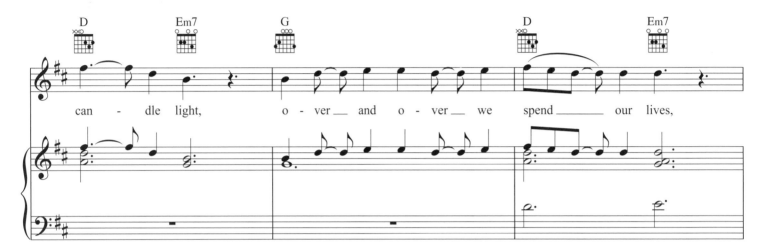

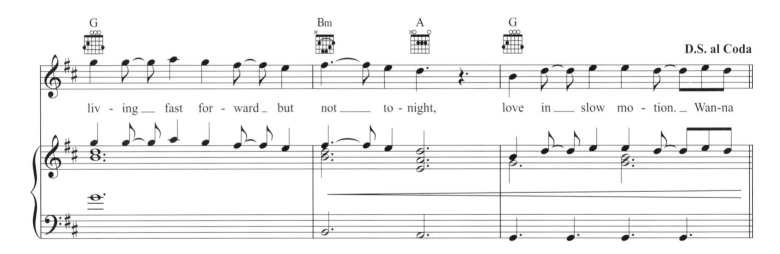

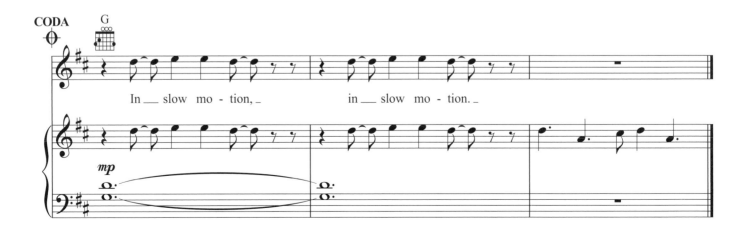

Visiting Hours

Words and Music by Ed Sheeran, Johnny McDaid, Amy Wadge, Anthony Clemons Jr., Kim Lang Smith, Michael Pollack and Scott Carter

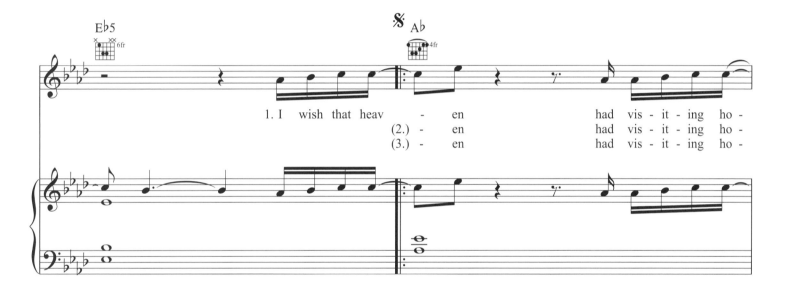

1. I wish that heav - en   had vis - it - ing ho -
(2.) - en   had vis - it - ing ho -
(3.) - en   had vis - it - ing ho -

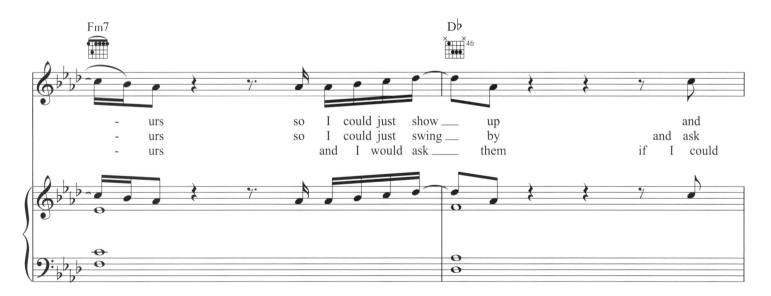

- urs   so I could just show ___ up   and
- urs   so I could just swing ___ by   and ask
- urs   and I would ask ___ them   if I could

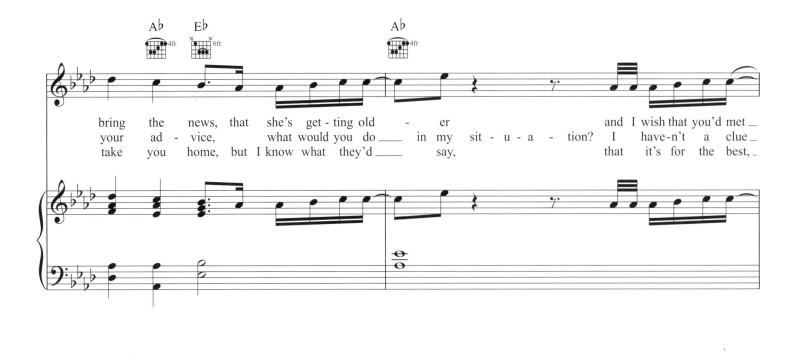

bring the news, that she's get-ting old — er
your ad - vice, what would you do ___ in my sit-u-a - tion? I have-n't a clue ___
take you home, but I know what they'd ___ say,

and I wish that you'd met ___
that it's for the best, ___

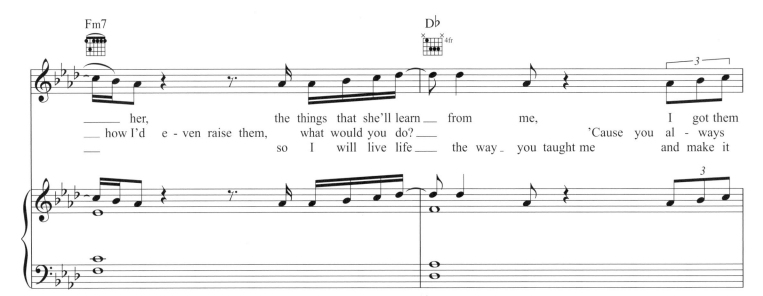

___ her, the things that she'll learn ___ from me, I got them
___ how I'd e - ven raise them, what would you do? ___ 'Cause you al - ways
___ so I will live life ___ the way ___ you taught me and make it

all from you. Can I just stay ___ a while ___ and we'll ___ put
do what's right. Can we just talk ___ a while, ___ un - til ___ my
on my own. I will close ___ the door ___ but I ___ will

all — the world — to rights? — The lit-tle ones — will grow — and I'll — still
wor-ries dis - ap-pear? — I'd tell you that — I'm scared — of turn-ing
o-pen up — my — heart — and ev-'ry-one — I love — will know ex-act-

To Coda

drink your fav-'rite wine. — And soon, they're going — to close — but I'll — see you —
out a fail - ure. — You'd say, 'Re-mem - ber that — the ans-wer's in — the love —
- ly who — you are. — 'Cause this is not — good-bye, — it is — just 'til

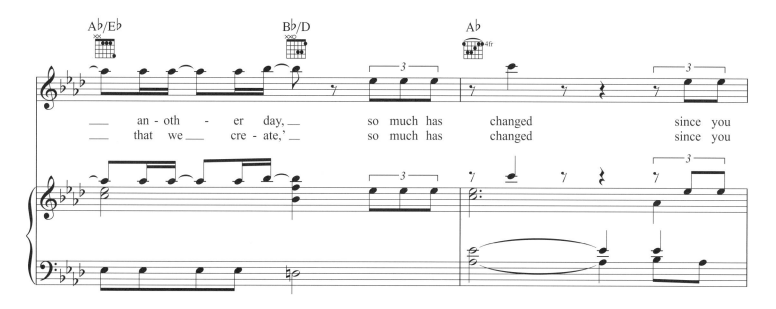

— an-oth-er day, — so much has changed since you
that we — cre-ate,' — so much has changed since you

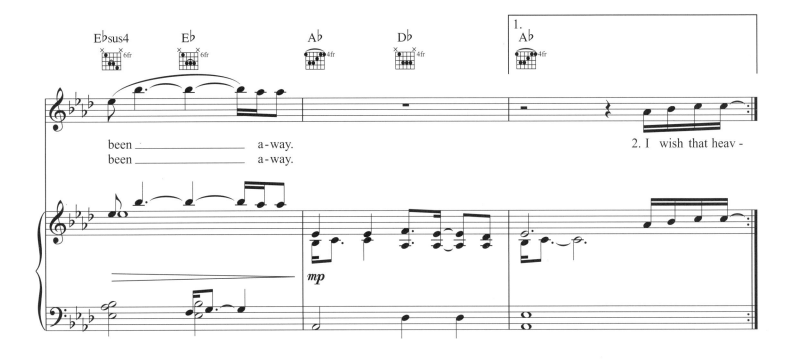

been _____ a-way.
been _____ a-way.

2. I wish that heav-

Hmm, _____ hmm.

_____ Hmm, _____ hmm. _____ Hmm,

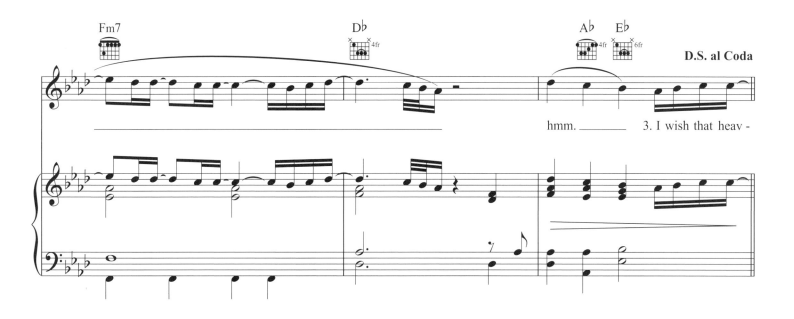

hmm. _____ 3. I wish that heav -

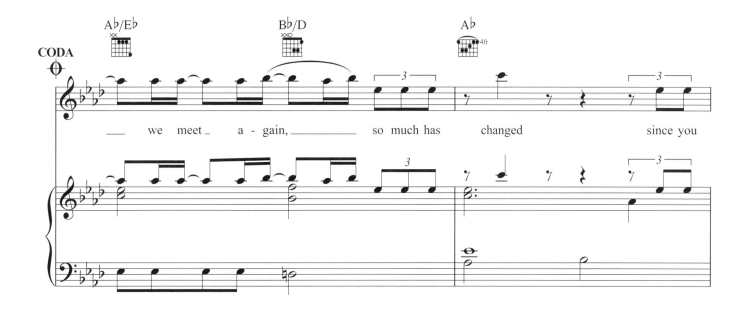

CODA

___ we meet __ a - gain, _____ so much has   changed   since you

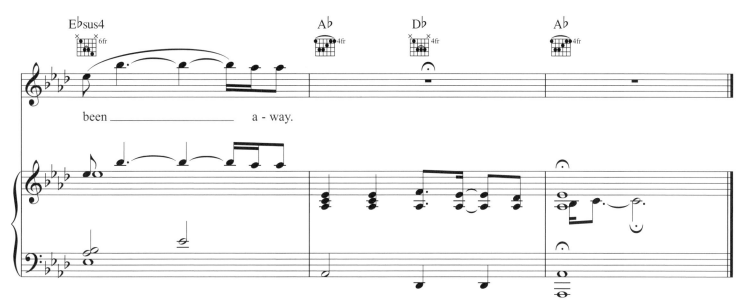

been _____ a - way.

75

Sandman

Words and Music by Ed Sheeran and Johnny McDaid

You were loved be - fore you had ar - rived
Choc -'late cov - ered roof and can - dy cars,

and ev - 'ry day that love just mul - ti - plies. ___
rain - bow su - gar riv - er we can sail up - on. ___

Dad - dy made your bed and your lul - la - by
Marsh - mal - low books and straw - ber - ries,

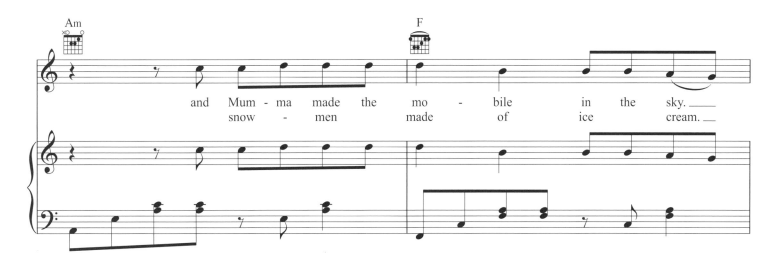

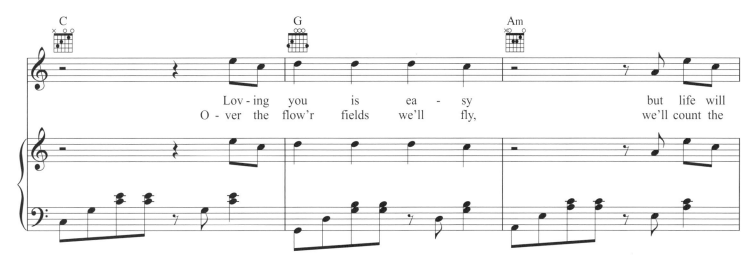

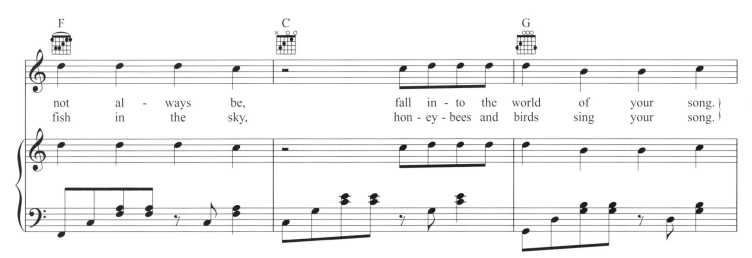

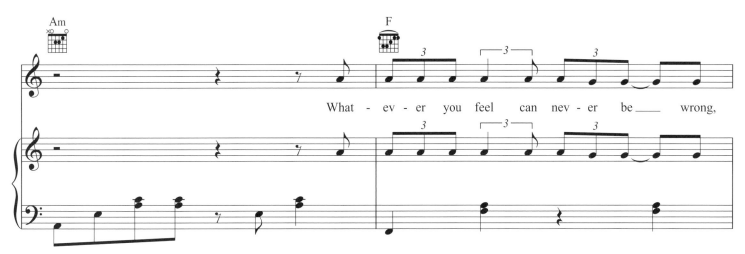

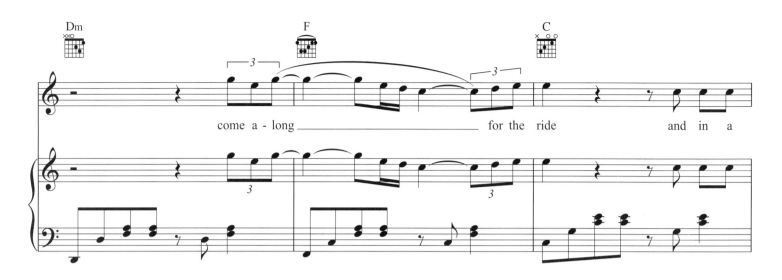

come a-long _____ for the ride _____ and in a

shake of a lamb's tail, __ we'll go. Be still, _____ now ___ and close __

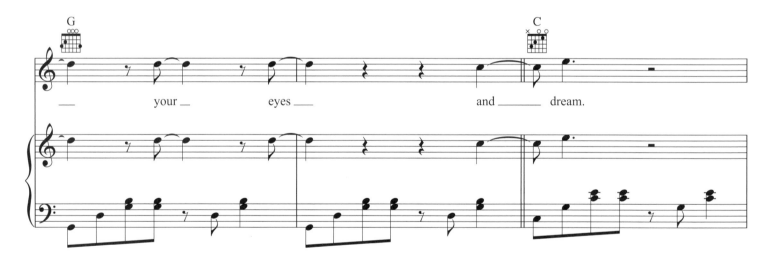

___ your ___ eyes ___ and _____ dream.

Hang-ing out __ with the sand - man, you look so sweet, __

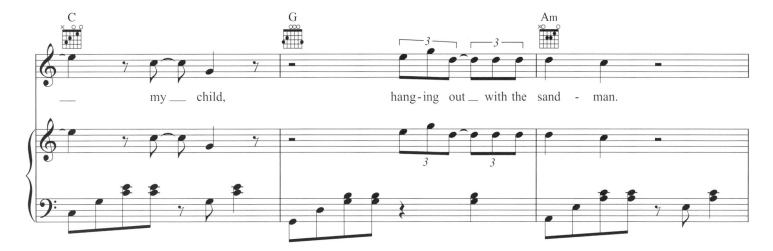

my __ child, hang-ing out __ with the sand - man.

Though there's rain __ out - side, __ you'll be warm __ and dry, __ the

thun-der and the light -'ning won't hurt __ you now, __ so go to sleep, __ my __ love,

hang-ing out __ with the sand - man.

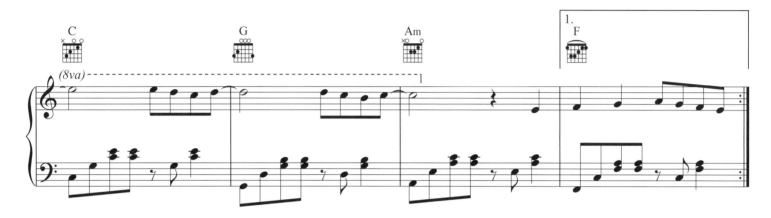

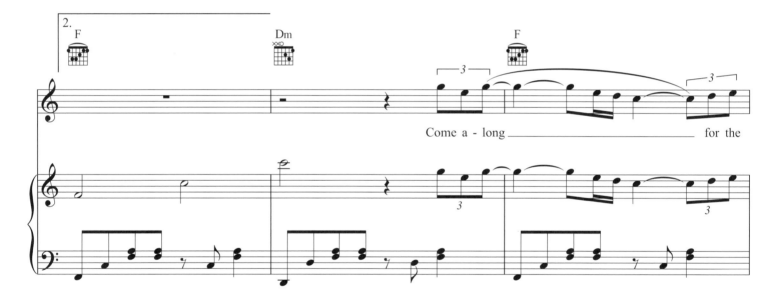

Come a - long _____ for the

ride _____ and in a shake of a lamb's tail, __ we'll go. Be still, __

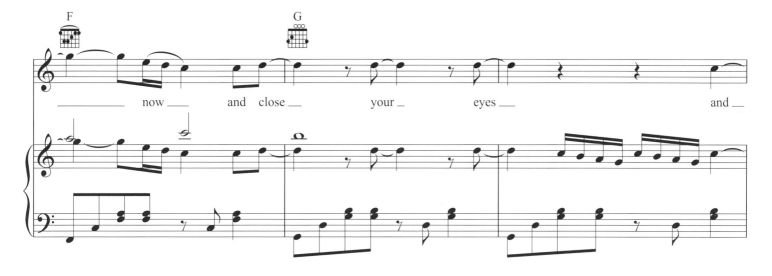

now and close your eyes and

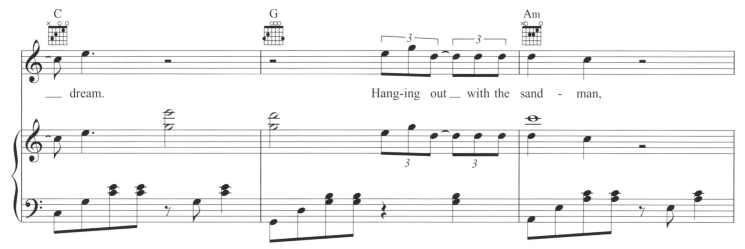

dream. Hang-ing out with the sand - man,

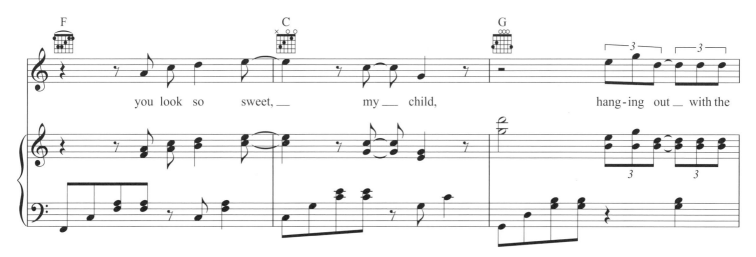

you look so sweet, my child, hang-ing out with the

sand - man. Though there's rain out - side, you'll be warm

81

— and dry, __ the thun-der and the light-'ning won't hurt __ you now, __ so go to sleep, __

__ my __ love.   Hang-ing out __ with the sand - man.

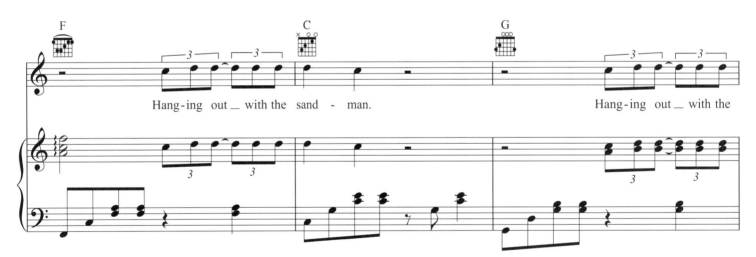

Hang-ing out __ with the sand - man.   Hang-ing out __ with the

sand - man.   Hang-ing out __ with the sand - man.

Be Right Now

Words and Music by Ed Sheeran, Johnny McDaid and Fred Gibson

*Originally recorded a half step higher

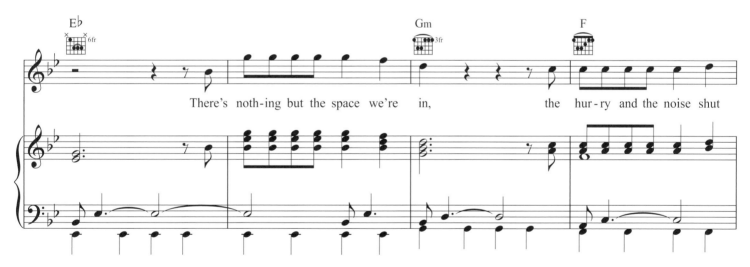

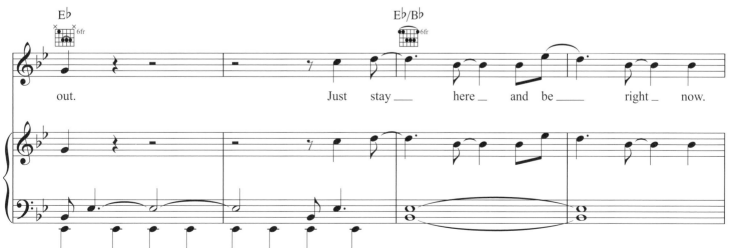

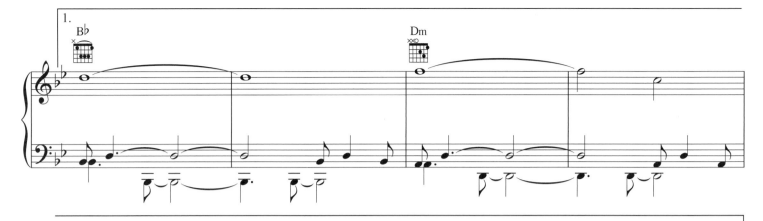

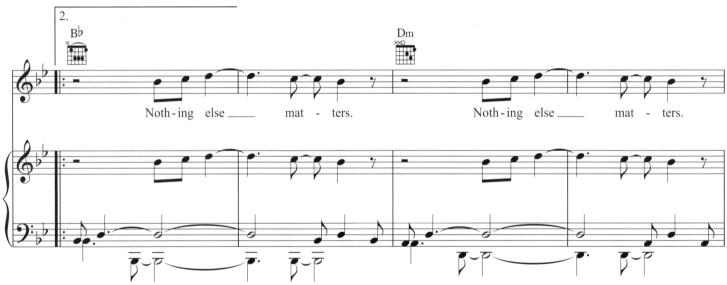

I don't wan-na miss one thing, we can turn the whole world

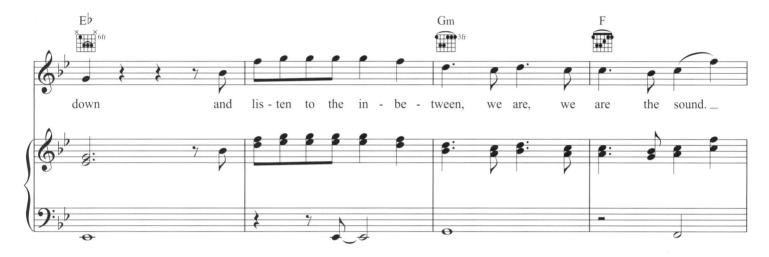

down and lis-ten to the in - be - tween, we are, we are the sound. __

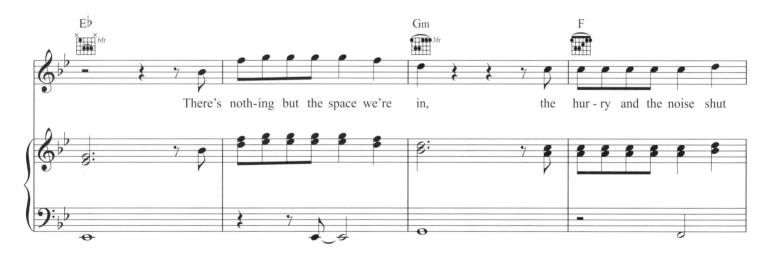

There's noth-ing but the space we're in, the hur - ry and the noise shut

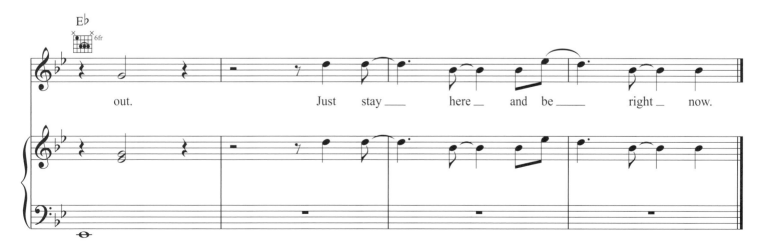

out. Just stay ___ here ___ and be ___ right ___ now.